Rom
Eine Liebeserklärung

Für Hannah
GDG

Für Bambina
WCI

Gerold Dommermuth-Gudrich

Rom

Eine Liebeserklärung

Aquarelle und Federzeichnungen
von Walter C. Icheln

Gerstenberg Verlag

Danksagung
Daß dieses Buch möglich wurde, verdanke ich Hannah, die mich nicht nur mit Rat und Ermutigung begleitete, meiner verständnisvollen Lektorin Nicola T. Stuart, Brigitte Simbuerger, die mir die wertvolle Unterstützung der Alitalia vermittelte, und der Malerin Christina Lauer, mit der ich so viele Gespräche über Kunst führen konnte. Für Hilfe und Unterstützung danke ich auch meinen ehemaligen Kollegen Regina Wettern, Carl Glas und Willi Lauer.
GDG

Die Deutsche Bibliothek – CIP-Einheitsaufnahme
Dommermuth-Gudrich, Gerold:
Rom : eine Liebeserklärung / Gerold Dommermuth-Gudrich.
Aquarelle und Federzeichnung von Walter C. Icheln. –
Hildesheim : Gerstenberg, 1999
ISBN 3-8067-2852-6

Satz aus der Janson bei Fotosatz Ressemann
Druck bei New Interlitho, Milano
Printed in Italy
ISBN 3-8067-2852-6

Inhalt

Die Glocken fliegen nach Rom

Wenn man so eine Existenz ansieht, die zweitausend Jahre und drüber alt ist, durch die Wechsel der Zeiten so mannigfaltig und von Grund aus verändert, und doch noch derselbe Boden, derselbe Berg, ja oft dieselbe Säule und Mauer; so wird man ein Mitgenosse der großen Ratschlüsse des Schicksals.

Goethe an Johann Gottfried und Caroline Herder, Rom, den 10. November 1786

Meine Mutter war ein wandelndes Lexikon geflügelter Spruchweisheiten, und ich wuchs damit auf, daß Rom nicht an einem Tage gebaut wurde und alle Wege nach Rom führen, daß die Glocken der Kirche in der Karwoche, wenn sie plötzlich verstummen, nach Rom fliegen, um Reisbrei zu essen – in der Osternacht kehren sie dann vollgefressen zurück – und daß Goethe in Rom die Liebe kennenlernte; ganz zu schweigen davon, daß meine Mutter Leute nicht mochte, die päpstlicher waren als der Papst. Ich verbrachte Stunden, Tage und Wochen damit, in einem Bildband mit dem verheißungsvollen Titel »Die weite Welt. Ein Bilderwerk von der Schönheit der Erde« aus dem Jahre 1929 drei Fotos anzustarren, die das Forum Romanum, die Peterskirche und die gigantische Schreibmaschine Viktor Emanuels II. zeigten, auf Seite 78 bis 80 zwischen den Fischern von Sorrent und der Piazza del Campo in Siena. Und es gab noch andere Fotos, in anderen Büchern. Wie viele meiner Herzensanliegen trug ich auch meine Rom-Sehnsucht zum Dorfpfarrer. Nicht, daß es für mich eine reale Möglichkeit gegeben hätte, diese Sehnsucht zu stillen; es war kurz nach dem Krieg, und noch war Italien nicht zum Thema Nummer Eins der deutschen Schlagerszene geworden. Unser Pfarrer thronte als guter Hirte vor einer Bücherwand und verkörperte die Rolle des göttlichen Kinderfreundes für mich überzeugend genug. Er war wohl kein Gelehrter, aber er las viel und kannte seine Kirchengeschichte. »Geh nicht nach Rom«, sagte er ernsthaft; »da hat schon so mancher seinen katholischen Glauben verloren. Luther zum Beispiel.« Und er tat seinen Mund auf und lehrte mich. Eine Päpstin Johanna habe es ja wohl nicht ernsthaft gegeben, wie manche Kirchengegner behaupteten, das sei Mumpitz; aber ... An diesem Tag erfuhr ich vieles über Innozenz III. und Alexander VI., über kirchlichen Herrschaftsanspruch und päpstliche Vetternwirtschaft, die damals noch Nepotismus hieß, über Heuchelei und Geilheit. Ich war kaum zwölf, wenn ich mich recht erinnere, und ein bißchen erschrocken; aber die Lektion, die ich damals erhielt, war eine gute Vorbereitung für meine erste Romreise, viele, viele Jahre später, mit Gudrun, für die Päpste nicht existierten.

Ich führte also keinen Rosenkranz mit, aber dafür eine Mappe mit Stichen, ganz wie sie so mancher berühmte Romreisende im 18. Jahrhundert vor Augen hatte, wenn er seine Bildungsreise nach Italien antrat. Etwa Giovanni Batista Piranesis Ansicht der Piazza del Popolo, die später noch jahrelang über meinem Bett hing.

Es waren sogenannte halkyonische Tage; eine warme Wintersonne brannte den Katzen im Forum auf den Pelz; in einem kleinen Park auf dem Monte Aventino über dem Tiberufer pflückte ich, zum erstenmal in meinem Leben und mit Gewissensbissen, eine reife Apfelsine von einem Baum. Kein Windhauch störte unsere stundenlangen Spaziergänge durch die verzauberte Stadt. Die meisten Museen hatten geschlossen, und wären sie auch offen gewesen, sie waren für meine neue Liebe tabu. Hatte Gudrun ihren Freund nicht auch deshalb verlassen, weil er sie, wo immer er sich mit ihr aufhielt, tagelang durch Museen schleppte? Sie kannte mich noch nicht, und ich bin ihr dankbar dafür. Mit ihr, wenn auch nicht durch sie, entdeckte ich meine Leidenschaft, durch eine Stadt wie Rom zu streifen, scheinbar ziellos, mit weit offenen Augen, und überall stehen zu bleiben, wo ich etwas entdeckte: ein Dach, aus dem Sträucher wuchsen, einen mächtigen Kater auf einer umgestürzten

Säule, der mich minutenlang anstarrte, als gehe es um ein Duell, den verträumten Innenhof eines alten Palazzo hinter einem Bauzaun, ein Liebespaar, das sich auf einer Bank zu Füßen einer Mietskaserne aus der Mussolinizeit stritt, eine verrottete spätantike Klosterkirche zwischen Armeleutehäusern aus dem 18. Jahrhundert, die ich beim zweiten Rombesuch nicht wiederfand und auch später nie in einem Führer entdeckte. Ich fühlte mich wie Marco Polo in einer Welt voller Wunder, ohne Romführer, folgte nur meiner Nase und stolperte über manche Touristenattraktion einfach nur so, wie Hans im Glück. Goethes römische Wohnung auf seiner italienischen Reise? La Bocca della Verità? Sie wurden mir einfach so geschenkt, gleichsam nebenbei. Für Gudrun freilich waren auch das eher ermüdende Fußwege; ich kam ihren Klagen zuvor, indem ich listig Kirchen und stille Winkel zu meditativen Sitzpausen empfahl.

Die Skelette in den Schränken des Vatikans spielten zu jenem Zeitpunkt keine große Rolle mehr in meinem Leben, und das spiegelte sich auch in meinen Beziehungen. Hildegard, mit der ich zum erstenmal gemeinsame Reisen unternahm, stammte aus Trier, das ja in gewisser Weise ein kleines, spätes Rom auf deutschem Boden ist und dessen Bauten mich schon als Schüler mit Ehrfurcht erfüllten; aber, streng katholisch erzogen, witterte sie überall den Lug und Trug der Priester und hatte kein Auge für die Schönheiten Triers; wenn sie in Fahrt kam, klang sie, als sei sie dem Haupt Voltaires entsprungen, der in der Kirche die Wurzel allen Übels sah. Ich verstand ihren Haß, aber ich konnte ihn nicht teilen. Rom als Ursprung dieses Unheils kam für sie als Reiseziel ohnehin nicht in Frage.

Gudrun war evangelisch und auch das nicht besonders; für sie war klar, daß Gott unmöglich einen Stellvertreter auf Erden ernannt haben konnte; das passe einfach nicht zu ihm. Päpste, wenn sie deren Existenz überhaupt wahrnahm, fand sie einfach komisch. Ich fand diesen Standpunkt einleuchtend. Er ermöglichte mir eine distanzierte Toleranz – und eine gemeinsame Romfahrt.

Mit Gudrun holte ich mir einen kräftigen Schnupfen, als ich auf dem Dach der Peterskirche zwischen den überlebensgroßen Figuren der Heiligen stand und im kalten Wind auf die Ewige Stadt heruntersah.

Seit meiner ersten Entdeckungsreise nach Rom stellte sich heraus, daß Schwerpunkte sich für mich von selbst bilden. Ich sehe und erlebe, was für mich gerade, in diesem besonderen Augenblick meines Lebens, wichtig ist. Es gab viele Roms für mich: das republikanische, das kaiserliche, das barocke; das Rom der armen Leute, das Rom der Filme Fellinis und Antonionis und natürlich auch das der Museen. Das Rom der Päpste blieb lange ein weißer Fleck in der Topographie meiner Rom-Erfahrungen, selbst wenn ich in der Sixtinischen Kapelle stand.

Viele, viele Jahre nach meinem Gespräch mit dem Dorfpfarrer meiner Kindheit, zehn Jahre nach meinem ersten Rombesuch, begann ich plötzlich ein anderes Rom zu entdecken. Als ich dann das Petrusgrab und die unterirdische Nekropole unterhalb des Vatikans besuchte, hatte ich freilich schon eine neue Führerin durch die Unterwelt gefunden. Es war die Zeit, in der wir nicht nur gemeinsam für eine schönere Welt kämpften und in Wohngemeinschaften wohnten, sondern auch gemeinsam nach Italien fuhren. Heute erscheint es mir absolut konsequent, daß der erste Kuß sich unterirdisch ereignete, in einem Tunnel unter dem Brenner, und daß die Liebe sich bis Agrigent auf Sizilien – das in der »Italienischen Reise« noch Girgent heißt – unter den Augen der Reisegesellschaft zu einem Punkt entwickelte, von dem aus es kein Zurück mehr gab. Laura war und ist zweifellos die ideale Rom-Begleiterin. Sie hatte ihre Kindheit in der Wüste und auf allerlei Baustellen verbracht; Fotos mit leicht verblaßten Farben zeigen das Kind zwischen babylonischen Ruinen irgendwo im Zweistromland, angestrengt in das Objektiv des in die Archäologie vernarrten Vaters starrend; das mythische Gründungsjahr des vergleichsweise jungen Rom konnte sie also kaum einschüchtern. War das exotischste Objekt in der Wohnung meiner Eltern eine große blecherne Teedose mit japanischen Motiven, in der die Weihnachtsplätzchen aufgehoben wurden, so blicke ich, wenn ich meine Schwiegereltern besuche, in eine Vitrine mit archaischen Vasen und einem Lehmziegel, in dem ein König sich in Keilschrift rühmte, diesen oder jenen Palast gebaut zu haben. Mein Lieblingsfoto von Laura als Kind zeigt sie zart und traurig auf dem Arm eines sonnengebräunten Riesen, dessen Profil frappierend dem eines sumerischen Kriegers glich. Selbst wenn ich von allen ihren anderen Vorzügen absehe, es war unausbleiblich, daß ich mich in sie verliebte. Ich wäre ihr überallhin gefolgt. Zunächst führte sie mich in den Urwald, »dorthin, wo es dunkel ist«, wie Gudrun mit Recht und nicht ohne Bitterkeit feststellte. Vom Urwald bis in jenes Rom, das, wie der italienische Journalist Luca Villoresi einmal feststellte, »zehn übereinanderliegende Städte« ist, war nur noch ein Schritt, freilich ein großer.

Hausputz für das Jahr 2000 – Die Peterskirche im Baströckchen

… das gewaltige, alte Rom … hier wächst es plötzlich aus tausendjährigem Efeulaub und Aloen mitten in der offenen Ebene in seiner ganzen Größe empor … Jetzt bemerkt der Fremde schon nichts mehr von den neuen, engen Straßen und Gassen, ganz umfangen von der antiken Welt; in seiner Erinnerung entstehen die gewaltigen Gestalten der Cäsaren, und sein Ohr glaubt den Schrei und das Beifallsgeklatsch des römischen Volkes zu vernehmen.

Nikolai Gogol, 1842

1998 sei eigentlich nicht das ideale Jahr für einen Rombesuch, versichern sich zwei geistliche Herren aus dem Rheinland gegenseitig im Zug von Fiumicino nach Trastevere. Ich habe, wie sie, nicht den feinen Expresszug zur Stazione Termini gewählt, sondern den überfüllten, von Sprayern verzierten Vorortzug, der mit quietschenden Bremsen an jeder Station hält. Es ist ein warmer Herbstnachmittag, und die Passagiere schwitzen.

700 Baustellen sollen Rom für das Heilige Jahr 2000 rüsten, an dem Papst Johannes Paul II. so viel liegt, daß er ihm 1995 ein »Apostolisches Schreiben« mit dem Titel »Tertio Millennio Adveniente« (Das dritte Jahrtausend rückt heran) widmete. Pilger und Touristen werden in Massen erwartet, von denen man nicht so recht weiß, wo sie unterkommen sollen, denn schon jetzt ist in der Hochsaison jedes Gästebett in Rom belegt, und sie sollen Rom in nie dagewesenem Glanz erblicken. Dafür erleben Romfahrer jetzt nicht nur die Fassade der Peterskirche verhüllt: Gerüste und Planen allenthalben, nicht nur an Kirchen. Die üblichen Tafeln, an denen sich – jahrtausendealter römischer und päpstlicher Tradition folgend – kirch-

liche, staatliche und kommunale Bauherren der Restaurierungsarbeiten rühmen, die den Besucher leider etwas inkommodieren werden, sind durch riesige Transparente ergänzt, die in leuchtenden Farben gerade damit werben, daß hier ein gigantischer Hausputz stattfindet, und so die Not zur Tugend wenden. Im Grunde ist das alles nicht neu. Ob in der römischen Kaiserzeit, nach der Rückkehr der Päpste aus Avignon im 15. oder nach dem Ende des Kirchenstaates im 19. Jahrhundert – Rom war immer eine Baustelle, und die Römer tragen die Unbequemlichkeiten dieser Situation mit der gleichen lässigen Toleranz, die sie auch gegenüber den Besuchern der Stadt zeigen.

Ein älterer oder doch nicht mehr ganz junger Herr in schwarzen Jeans und grauem Hemd und mit einem anscheinend schweren, ebenfalls schwarzen Rucksack, der sich nach Haltestellen, dem richtigen Bus zum Umsteigen und Wegerichtungen zum Gehen erkundigt, weckt die ganze Hilfsbereitschaft der Römer; man gibt freundlich Auskunft, andere mischen sich ein, diskutieren Alternativen, einigen sich auf eine für den Ausländer nicht zu schwierige Version, erklären mit der Geduld eines Sprachlehrers für Anfänger. (Mein kleines Problem: wegen des Rucksacks komme ich nicht mehr an den Stadtplan in meiner Tasche, außerdem macht es mir hier Spaß zuzulassen, daß jemand mir hilft.) An der Trajansäule antwortet mir ein etwas verträumter alter Herr (er könnte mein Vater sein, also so um die achtzig): »Es ist überhaupt nicht weit; ein wirklich schöner Spaziergang bei diesem wunderbaren Herbstwetter.« Von diesem Augenblick an spüre ich den Rucksack nicht mehr.

Meine Pension an der Piazza San Pantaleo bleibt unsichtbar; erst ein freundlicher Pizzabäcker verrät mir, daß sie sich im vierten Stock des Gebäudes gegenüber befindet, erkennbar an nichts als an einem Klingelknopf, an dem »Residenza« steht. Sie erweist sich im übrigen als ausgezeichnet – vor allem durch die Ruhe, die von ihrem Innenhof ausgeht, auch wenn draußen, auf dem Corso Vittorio Emmanuele, der Verkehr braust. Eine von den Jahren schon etwas gebeugte Pförtnerin mit silberblondem

Haar läßt es sich nicht nehmen, ihre Loge zu verlassen und mich in der Benutzung des ehrwürdigen Fahrstuhls zu unterweisen, der wie die Loge noch ganz auf die gute alte Zeit verweist, mit edlem Holz und schmiedeeisernem Gitterwerk.

Ich bin also wieder in Rom, und wieder einmal allein vorausgefahren. Vielleicht sollte ich San Pantaleo in seiner neoklassizistischen Kirche gegenüber aufsuchen, der, wie die Legende weiß, als Arzt auf Befehl eines seiner Patienten, des Kaisers Maximinianus, den Märtyrertod erlitt, aber diese Kirche ist eine der siebenhundert Baustellen und im Augenblick nicht einmal durch einen Nebeneingang zugänglich, und so muß ich auf den Beistand des heilenden Heiligen verzichten. Das römische Stadtmuseum *Museo di Roma* ist im Palazzo Braschi untergebracht, den Pius VI. 1780 für einen Neffen erbauen ließ, wie Georgina Masson, die fast allwissende Verfasserin eines bewunderswerten englischen Romführers, ihren Lesern verrät. Aber auch für das Museum ist nicht die richtige Stunde. (Drei Tage später erfahre ich, daß es erst im Jahr zweitausend wieder öffnet, nach einem Umbau.) Doch direkt hinter der Piazza, in einem winzigen Gäßchen, finde ich ein Wandbild der Madonna, 1954 zum 10. Jahrestag der Befreiung angebracht, und darunter zwei kleine Schüsselchen, eines mit frischem Wasser, eines mit Katzenfutter. Das nächste finde ich in einer diskreten Ecke am Campo dei Fiori. Der erste Kater begegnet mir heute am Ponte Sisto, stolz wie ein römischer Prälat.

Da bin ich schon eine Weile unterwegs, vollkommen ziellos, und als die Zeit für einen guten Kaffee gekommen ist, taucht die willkommene Kuppel des Pantheon vor mir auf. Selbstverständlich ist die Vorhalle mit dem auf sechzehn Säulen ruhenden Giebeldach mit Gerüsten und einem Drahtgitter verkleidet. Aber der eigentliche Rundbau mit der Kuppel, über deren GRÖSSE so viele Worte verloren wurden, ist zugänglich, und mir wird bewußt, daß er, ungleich vielen anderen Bauwerken der römischen Kaiserzeit, frei von jedem Imponiergehabe ist. Das Pantheon ist ein umbauter Raum, in dem der Mensch sich seiner Stellung im Kosmos gewahr wer-

Fontana del Moro, Piazza Navona

den kann, und ich glaube, so hat Hadrian ihn auch gemeint. Ich kann es nicht besser sagen als Shelley, der 1819 an einen Freund schrieb: »Es ist tatsächlich das sichtbare Abbild des Universums. In der Vollendung seiner Proportionen verliert sich, ebenso wie wenn man den unermeßlichen Himmel betrachtet, das Gefühl für Größenverhältnisse. Es ist nach oben zu offen, so daß die riesige Kuppel durch die ständig wechselnde Beleuchtung der Luft erhellt wird. Die Mittagswolken ziehen darüber hin, und nachts sieht man durch die azurblaue Dunkelheit die klaren Sterne, die unbeweglich am Himmel stehen oder hinter dem Mond, der seine vorbestimmte Bahn zieht, dahinwandern.« Was macht es da schon, daß die Nachwelt diesen herrlichen Raum, der eine tiefe Ruhe ausstrahlt, als Begräbnisort für große und weniger große Männer mißbraucht hat.

Für Rompilger, die ihre Eindrücke gleich an Ort und Stelle niederschreiben möchten, hält eine herrlich altmodische Cartoleria Pantheon, Via Rotonda 15, an Ort und Stelle gebundene Tagebücher in schönen Formen und mit edlen Einbänden bereit, nicht ganz billig – aber eine gute Idee für Rom-Mitbringsel.

Ein kleiner Luxus ist es auch, in einem der Kaffees an der Piazza della Rotonda bei einem Caffè Latte für 6000 Lire tagsüber oder abends bei einem Fläschchen Wein fürs Doppelte in gelassener Ruhe den Anblick des Tempels zu genießen. Es ist die Sache wert. Zumindest werktags und tagsüber jedoch bietet die Casa del Caffè in der Via degli Orfani direkt um die Ecke einen vollwertigen Ersatz; dort gibt es für 1100 Lire einen köstlichen Espresso oder für 1400 den besten Capuccino oder Caffè Latte Roms, wenn dort auch nicht die artistischen Qualitäten eines jener Kaffee-Kunstwerke erreicht werden wie jenes, das mir zwei Tage später in der Nähe des Vatikans vorgesetzt wird, und dessen weißer Schaum, in einem Bett von Braun, in Form des Ölzweigs aus dem Wappen Innozenz X. (oder Pius XII.) gestaltet ist. Aber auch in der Casa del Caffè braucht man den Anblick des Pantheons nicht zu entbehren. Einige Parkbänke unter freiem Himmel, von Topfpflanzen umrahmt, machen es möglich. Auf diese Weise reicht das Budget für mehrere kontemplative Besuche der Piazza.

Neu ist mir ein MacDonald's direkt gegenüber der Vorhalle, an der Schmalseite des Platzes, und vielleicht ist es eine leise Ironie der Behörde, die diesen Hamburger-Tempel genehmigte, daß sich ausgerechnet an der Fassade dieses Hauses eine Tafel befindet, auf der Pius VII. sich rühmt, er habe im siebten Jahre seines Pontifikats die zweifelhaften Tavernen abreißen lassen, die den Blick auf das Pantheon verstellten. Wie nötig das war, zeigt eine Aufnahme der Piazza della Rotonda im Luftbild; sie fände ohne Schwierigkeiten in der Kuppel des Pantheon Platz, samt dem harmonischen Renaissancebrunnen von 1575 und seinem ägyptischen Obelisken aus der Zeit der Ramessiden. Pius IX. schaffte es vierzig Jahre später, 1847, den römischen Fischmarkt von der Piazza zu vertreiben. Für die hungrigen Jugendlichen aus aller Welt, die sich auf den Stufen des Brunnens ausruhen, war MacDonald's wohl die sozialverträglichste Lösung.

Einige Plakate zeigen, daß der unerträglich heiße ›Ferragosto‹, der diesmal bis weit in den September hineinreichte, endgültig zu Ende ist. Die unvergessene Filmdiva Gina Lollobrigida lädt zu *passegiate romane* ein, an deren Ende jeweils ein Freilichtkino winkt: *Umberto D.* am Pantheon hat Ende August den Zyklus eröffnet, und wer könnte den »Nächten der Cabiria« an der Via Appia Antica widerstehen? Die Liste der Regisseure und Filme – und der Plätze, an denen ihre Filme gezeigt werden – macht deutlich, wie sehr das Rombild meiner Generation von Filmen der Nachkriegszeit geprägt ist.

Eine Theatergruppe, wohlwollend gefördert von der Stadt Rom und einem Dutzend Institutionen und Firmen, bietet im Rahmen ihrer Reihe *I Viaggi Sentimentali*, die schon ihm Frühjahr startete, »Una notte romana« am Augustus-Forum an, mit Texten aus Verris »Le notti romane«, und ein paar Tage später im *Foro di Cesare* eine szenische Lesung mit Texten von Cicero, Ovid, Sueton und Shakespeare unter dem

Titel »La Congiura«, wobei es natürlich um die Verschwörung zur Ermordung Cäsars geht.

In den Ruinen des Marcellus-Theaters finden jeden Abend Konzerte mit klassischer Musik im Freien statt, und ich kann nicht widerstehen und kaufe mir eine Karte für den nächsten Abend. (Die Versuchung, sich für ein paar Herbsttage mit warmen Nächten in einen Strudel subventionierter Kulturveranstaltungen an historischen Schauplätzen zu stürzen, statt auf einer Treppenstufe oder einem Brunnenrand zu sitzen und einfach zuzuschauen, was um mich herum geschieht, bleibt auch an den folgenden Abenden ein Problem. Aber es ist schön zu wissen, daß die Stadt Rom in ihrem Veranstaltungskalender auch sich selber feiert – das war nicht immer so.)

Und im Vorübergehen sehe ich auf weiteren Plakaten, daß ich eine Jahrhundertveranstaltung verpassen werde: An der Piazza del Popolo, in der *Basilica di Santa Maria del Popolo*, so nahe dem Volk, hält seine Eminenz Kardinal Paul Augustin zum hundertsten Jahrestag der Ermordung Ihrer königlichen Hoheit Sisi, genauer Ihrer Majestät Elisabeth Kaiserin von Österreich und Königin von Ungarn, einen Trauergottesdienst ab, in Anwesenheit der direkten Nachkommen Ihrer Majestät, heute um 18.30.

Da bin ich schon vom Largo di Torre Argentina, an dem die meisten Touristen zum erstenmal erleben, wie tief unter dem heutigen Boden Roms das antike Rom lag, auf dem Weg durch die Straßen und Gassen des Viertels, das einmal das Marsfeld war, unterwegs zum Tiber. Auch das jüdische Ghetto lag in diesem Viertel. Die Synagoge am Lungotevere de' Cenci, die ich zum erstenmal bei einem Rombesuch wirklich wahrnehme, ist weiträumig von Carabinieri mit Maschinenpistolen abgesperrt; durch die geöffneten Türen sieht man, daß ein Gottesdienst gefeiert wird. Auf meine Frage, wann ich die Synagoge besichtigen kann, antwortet ein Türwächter mit, wie mir vorkommt, freundlicher Ironie: Sonntag morgen.

Die jüdische Gemeinde Roms war seit dem Risorgimento ein Teil der italienischen Gesellschaft geworden. Daran änderte auch das Bündnis zwischen Hitler und Mussolini wenig: Die antijüdischen Gesetze wurden weniger als halbherzig durchgeführt. Nach dem Sturz Mussolinis 1943, als die Deutschen in Rom das Kommando übernahmen, organisierte der berüchtigte Gestapo-Chef Kappler die Razzia auf die jüdische Bevölkerung. An der Wand der Synagoge zur Tiberseite hin wird der Deportation von über 2000 Juden gedacht; etwa 8000 Juden überlebten, von nichtjüdischen Familien, Geistlichen und Ordensmitgliedern versteckt, in Mietshäusern, Kirchen, Klöstern, Palästen.

In der Galerie deutscher Rombesucher macht Kappler freilich keinen besonders guten Eindruck, und während neuere Romführer diese mörderische Episode objektiv darstellen, ist die deutsche Romliteratur der Nachkriegszeit ziemlich frei von Erinnerungen, die das enthusiastische Rombild stören könnten. Eine Ausnahme ist Wolfgang Koeppens bewundernswerter Roman »Der Tod in Rom« von 1954, den damals nicht viele lesen wollten, auch ich nicht: in ihm sind unbequemes Erinnern und Romerfahrung zu einem literarischen Kunstwerk verschmolzen, das heute ganz unverbraucht wirkt.

Über die Tiberinsel gelange ich nach Trastevere, zwar noch immer ein wenig Kleineleuteviertel, aber seit meinem letzten Besuch leider noch viel schicker geworden. In den Straßentavernen tafeln die Menschen, und ich spüre allmählich auch eigenen Hunger. Hier freilich mag ich allein nicht essen.

Nahe *Santa Maria in Trastevere* gesehen: ein junges, sehr schönes Mädchen, vielleicht siebzehn, geht weinend durch die Straße, vorbei an einem Wagen mit zwei Polizisten. Sie lachen das Mädchen aus. Ihr ist das egal. Auch daß die Schminke verläuft, ist ihr egal. Aber vielleicht hat sie sich bloß mit ihrem Freund gestritten. Wo ist der fahrende Ritter, der ihre Tränen trocknet?

Mein Hunger treibt mich zurück zum Campo dei Fiori. Aber in dem Stadtviertel, in dem dieser Platz liegt, ist es ein bißchen vertrackt mit dem Finden – es sei denn, man geht immer den gleichen Weg. Christa Reinig hat dieses Problem sehr erheiternd beschrieben:

»Kommt (der Wanderer) nun spät am Abend an die Stelle, ist nichts von Markt zu sehen und alles still und leer, trotzdem, versuchen wir es, in dem trüben Licht, das ab und zu eine Trattoria spendet, zum Campo dei Fiori zu gelangen. Was sollte uns daran hindern? ... Via del Paradiso ist ein anheimelnder Name und das Straßenschild breiter als die Straße selbst. Es tut sich auf die Piazza del Paradiso, die wir gern hinter uns lassen, denn sie gewährt nichts als Finsternis und Grabesstille. Wir geraten, weiß der Teufel wie, auf eine Piazza del Biscione und hätten es beinahe geschafft und wissen es nicht. Wir gehen geradeaus richtig und falsch und landen auf der Piazza del Teatro Pompei, und als wir glauben, wir wären irgendwie quer durch die ganze Stadt getrampt, nach alledem, was wir hinter uns haben, stehen wir auf der Piazza San Pantaleo und finden uns wieder auf dem Corso Vittorio Emmanuele. Eigentlich wollten wir es aufgeben. Aber als wir zehn Meter zurückgegangen waren, standen wir wieder in dem verlockenden Paradiesgäßchen und versuchten es noch einmal. Wir vermeiden jetzt alle Fehler und lassen uns nicht im Kreis herumjagen zwischen den schwärzlichen Vexierspiegeln der leeren Plätze. Mit dem Stadtplan in der Hand steuern wir zielbewußt den Campo dei Fiori an und erreichen die Piazza della Cancelleria ... Dann kehren wir um und gehen heim. In diesem Augenblick stehen wir auf dem Campo dei Fiori.«

Ganz so schwierig wird es dann doch nicht, denn neben mir hegen noch einige tausend andere Menschen den gleichen Wunsch; wer möchte in dieser wunderbar milden Nacht schon schlafen?

Der Campo dei Fiori, die Piazza Navona, das Pantheon: In diesem Viertel findet heute anscheinend ein Fest der römischen Jugend und der Jungen aus der ganzen Welt statt, dazwischen die üblichen Kulturtouristen in Paaren und Gruppen, fast verloren. Auffällig: ein touristisches Subproletariat von Männern, seltener Frauen, so um die vierzig, die auch einmal nach Rom zogen und nun am Rande der Brunnen irgendeine Pizza hinunterschlingen, auch in Abfallkörben wühlen. Man sieht ihnen an, daß sie im Freien nächtigen. Die Schönen und Jungen tafeln in den zahllosen kleinen Kneipen oder schauen den Zauberern, Pantomimen, Stelzentänzern mit ihren phantasievollen Gewändern zu, hören Musik, sitzen in Trauben um die Brunnen herum; so manches ältere Paar hält Händchen. Und ich sitze am Rand, allein, aber vergnügt, und schaue zu, mit meiner Insalata Mista, meiner Pasta Mista, meinem Viertel Rotwein. Vergnügt, aber: eigentlich sollte ich jetzt hier nicht allein sein. Nicht in Rom. Nicht in dieser Nacht.

Was ist eigentlich aus dem Chiromanten geworden, der bei meinem letzten Besuch den Teilnehmern meiner Reisegruppe – Leuten, die ich ziemlich gut kannte – so treffend aus der Hand las? Er schien eine Art Abkommen mit der Polizei zu haben, ziemlich charakteristisch für den elastischen Umgang der Behörden mit dem liebenswürdigen Völkchen derer, die eben auch ein wenig vom Tourismus leben wollen: Sie ließen ihn etwa zwei Stunden gewähren, dann schritten sie ein, und er mußte einpacken. Ich war mit ihm ins Gespräch gekommen und ziemlich erstaunt zu hören, daß Klaus ein ehemaliger VW-Arbeiter aus Kassel war. Nach Jahren am Fließband hatte er gekündigt und war nach Italien gegangen. Er hätte es, ganz wie Möller aus Weimar, nicht einen Tag mehr ausgehalten.

Der Heimweg in meine Pension steht wieder ganz im Zeichen des herannahenden Jubeljahrs: Das Gäßchen, das die Piazza Navona mit der Piazza San Pantaleo verbindet, ist wegen Sanierungsarbeiten an der Kanalisation zu einem Fußpfad geschrumpft. Die Gelateria muß ihre Tische im Freien hinter einem Bretterzaun verstecken. Schmutziggraue Leinwand verhüllt eine ganze Fassade; ich kann nicht einmal mehr ahnen, ob sich hinter ihr eine Kirche, eine Behörde oder ein Palazzo aus dem 17. Jahrhundert verbirgt. Wie festlich werden die römischen Nächte im Herbst 2000 sein? Vermutlich wird es einfach andere Baustellen geben.

Rom als Körpererfahrung

»Reist du, um deine Vergangenheit wiederzubeleben?« lautete an dieser Stelle des Khans Frage, die auch so hätte formuliert sein können: »Reist du, um deine Zukunft wiederzufinden?«
Und Marco Polos Antwort: »Das Anderswo ist ein Spiegel im Negativ. Der Reisende erkennt das wenige, was sein ist, währenddessen er das viele entdeckt, was er nicht gehabt hat und nicht haben wird.« *Italo Calvino, Die unsichtbaren Städte*

Der Rom-Tourist geht wohlgerüstet nach Rom. Über seinen eigenen Träumen trägt er die der anderen, die vor ihm da waren und über das schrieben, was sie in Rom erleben wollten und vielleicht erlebten. Die eigenen Erwartungen und die der anderen steuern seine Rezeption. In seinem Reisegepäck führt er Reiseführer. So wie Johann Philipp Möller, der inkognito reisende Herr aus Weimar, der siebenunddreißigjährig am 29. Oktober 1786 in der Albergo del Orso einen gewissen Tischbein traf und schon am nächsten Tag in eine Wohngemeinschaft deutscher Künstler in Rom zog. Sein Reiseführer war Johann Jakob Volkmanns *Historisch-kritische Nachrichten* von 1770, in drei Bänden, den er auch seiner zu Hause gebliebenen – oder vielmehr verlassenen – Freundin Charlotte empfahl, als Kommentar zu den Reisebriefen, die er ihr schrieb. Volkmann war einer, den Wilhelm Heinse, ein Zeitgenosse, der auch nach Rom pilgerte, so charakterisierte: »Ein blind in den Tag Hineinreisender und alles Aufschreibender«. Ein Blinder also, der andere sehend machte. Nichts gegen Führer, nichts gegen Touristen, die Führer brauchen, nichts gegen Romreisende, die sich dessen, was sie erfahren, über Schreiben versichern wollen, obwohl sie wissen, daß alles schon gesagt ist. Nichts gegen die, die fotografieren und so im Bild festhalten wollen, was sie anschauen. Von Möllers »Italienischer Reise« sind an die 850 Zeichnungen erhalten.

Aber wenn ich über Rom schreibe, muß ich wissen, daß das, was ich schreibe, »nur eine hilflose Anspielung auf etwas (ist) … , das erst geschrieben werden muß«. Das schrieb eine andere Romreisende, eine, die nach Rom kam und dort blieb, in Rom lebte, arbeitete und starb: Ingeborg Bachmann. Eine »hilflose Anspielung« auf etwas, das vielleicht nie geschrieben werden kann. Ingeborg Bachmann meinte nicht ihren Text über Rom, als sie das schrieb, diese knapp sechs Buchseiten, die wie nichts anderes, was ich über Rom las, das Problem beschreiben. Ihr Essay »Was ich in Rom sah und hörte« ist ein brillanter Versuch über die Unmöglichkeit, anders über Rom zu schreiben als aus der eigenen Subjektivität heraus, über die Unmöglichkeit, Rom anders zu erfahren als mit dem eigenen Körper. »Den Tiber soll man entlanggehen und nicht von den Brücken sehen … «, heißt es dort etwa. Sie sieht auf dem Campo dei Fiori, wie am Samstag nach dem Markt die Abfälle verbrannt werden (heute kommt ein ordentlicher Müllwagen), und in ihren wachen Träumen verbinden sich Flamme und Hitze des Feuers mit dem Tod des Mannes, dessen Statue auf diesem Platz steht:

»Ich sah auf dem Campo dei Fiori, daß Giordano Bruno noch immer verbrannt wird. Jeden Sonnabend, wenn um ihn herum die Buden abgerissen werden und nur mehr die Blumenfrauen zurückbleiben, wenn der Gestank von Fisch, Chlor und verfaultem Obst auf dem Platz verebbt, tragen die Männer den Abfall, der geblieben ist, nachdem alles verfeilscht wurde, vor seinen Augen zusammen und zünden den Haufen an. Wieder steigt Rauch auf, und die Flammen drehen sich in der Luft. Eine Frau schreit, und die anderen schreien mit. Weil die Flammen farblos sind in dem starken Licht, sieht man nicht, wie weit sie reichen und wonach sie schlagen. Aber der Mann auf dem Sockel weiß es und widerruft dennoch nicht.«

Ich werde sie noch öfter zitieren, zum Beispiel, wenn es um den sogenannten »Protestantischen Friedhof« geht, auf dem sie leider nicht begraben wurde, neben Shelley und Keats, in deren Gesellschaft sie so gut gepaßt hätte.

Vor einigen Jahren fiel mir die Aufgabe zu, eine Gruppe von Erwachsenen eine Woche lang durch Rom zu führen, und natürlich fühlte ich mich dieser Aufgabe kaum gewachsen. Ich tat das, was meine Erziehung mir in solchen Fällen nahelegt: Ich las Bücher und schaute Bildbände an, aber ich fühlte mich nicht besser. In meiner Verzweiflung verfiel ich auf die Lösung, mich dieser Stadt anzuvertrauen, statt zu versuchen, sie in den Griff zu bekommen. Ich flog einige Tage früher nach Rom und setzte mich ihr aus. Ich ging von meiner kleinen Pension nahe der Via Veneto zur Piazza del Popolo, dem Stadttor, an dem früher über die Via Flaminia die Rompilger aus dem Norden ankamen, und folgte zu Fuß ihrem Weg zur Peterskirche. Ich betrat die Stadt aus dem Nordosten, über die Via Nomentana, durch die Porta Pia, durch die 1870 die siegreichen Truppen des neuen italienischen Nationalstaats in das päpstliche Rom eindrangen und damit das Ende des über tausend Jahre alten Kirchenstaates besiegelten, und wieder ging ich bis zum Vatikan. Am nächsten Tag betrat ich die Stadt im Süden an der Porta Ardeatina, ließ meinen Stadtplan im Rucksack verschwinden und ging den Weg bis zur Piazza del Popolo zurück. Diesmal blieb ich überall stehen, wo mir etwas auffiel; ich machte Umwege und Irrwege; ich mußte ein paarmal nachfragen, wenn ich den Weg verloren hatte; wenn mir eine Kirche gefiel, ging ich hinein und schaute sie mir an; wenn ich müde wurde, setzte ich mich irgendwo hin und ruhte mich aus; wenn ich Durst hatte, trank ich an einer der vielen Wasserstellen, die Rom so verschwenderisch bereithält. Ich ging immer weiter, bis es dunkel war, ungefähr zehn Stunden lang, genehmigte mir ein gutes Essen irgendwo in einer kleinen Taverne auf dem Marsfeld; und ich kehrte, immer noch zu Fuß, in meine Pension zurück, völlig erschöpft und ein wenig betrunken, aber erfüllt von der Gleichzeitigkeit des Ungleichzeitigen in dieser wunderbaren, furchtbaren

ROMA
R.X.
PIAZZALE CAFFARELLI
1991

Stadt und blieb in den folgenden Tagen ganz ruhig, wenn mich jemand aus der Reisegruppe nach irgendeinem Detail fragte. Zwar führt der Pilgerweg, den ich beschreite, nicht durch das Rom von, sagen wir, 1722, und ich hoffe nicht ernsthaft auf einen vollkommenen Ablaß, wenn ich die »sieben Kirchen« besuche, die zum Programm des Pilgers gehörten. Noch dringe ich mit dem Bewußtsein eines von Garibaldi begeisterten Bersagliere durch die Porta Pia ins päpstliche Rom von 1870 ein. Und ich sehe wohl, daß die Straßen, durch die ich gehe, Produkte der »Gründerzeit« des neuen Italien sind, bis zum »Altar des Vaterlandes«, dessen Bild ich als Kind vor Augen hatte.

Und doch geschieht etwas mit mir, wenn ich drei Stunden, auf einer Mauer sitzend, auf das Forum blicke, ohne irgend etwas anderes zu tun, oder wenn ich, dem Vorschlag Ingeborg Bachmanns folgend, den Tiber entlang spaziere, nicht oben, dem baumbestandenen Lungotevere entlang, sondern unten, nahe dem gelben Wasser und der Mündung der *Cloaca maxima*.

Der Reisende muß für sich herausfinden, wie er für das Vergangene und Fremde offen werden kann. Der Kreativität sind keine Grenzen gesetzt. Jede Großstadt ist ein Feld für ganz persönliches Lernen, und die Stadt Rom, in der sich wie in keiner anderen Großstadt Europas Raum und Zeit erfahren lassen, ist ein Kurs für Fortgeschrittene.

Godzilla, das Römische Reich und die Größe

Am Volkstor, denn durch dieses fuhren wir ein, fragten die päpstlichen Patronentaschen nach meinem Passe und brachten ihn sogleich zurück mit der Bitte: »Qualche cosa della buona grazia per la guardia.« So, so; das fängt gut an; ich mußte wohl einige Paoli herausrücken. Da hielten wir nun vor dem großen Obelisken und ich überlegte, auf welcher von den drei großen Straßen ich auf gut Glück hinuntergehen sollte. *Johann Gottfried Seume, Spaziergang nach Syrakus, 1803*

Ich bin kein Frühaufsteher, aber ich liebe Rom am frühen Morgen – spätestens, seit ich den Dokumentarfilm »Nettezza Urbana« (»Städtische Müllabfuhr«), den Michelangelo Antonioni 1948 gedreht hatte, ein paar Jahre später als Student in München sah. Er zeigt an einem drastischen Beispiel, was in keiner Metropole der Welt den Touristen als so wenig selbstverständlich gilt wie in der ›ewigen Stadt‹: daß hier Menschen leben und arbeiten, sich behaupten gegen diese Zusammenballung steinerner Überreste von Geschichte und Macht, in ihren Schlupfwinkeln existieren, ihre Freiräume behaupten und mit zäher Lebensklugheit ausweiten, wo immer es möglich ist. Die Römer brauchen Selbstbewußtsein und Freude am Leben, um sich nicht wie Eingeborene in einem Erlebnispark zu fühlen, angestarrt von jährlich zwölf oder fünfzehn Millionen Touristen – ganz abgesehen davon, daß sie dieses Freilichtmuseum am Funktionieren erhalten.

Die Piazza Navona am Morgen, als gefalle sie sich immer noch in der Erinnerung an ihre alten Zeiten, als der von Domitian erbaute *Circus agonalis* nicht nur für sportliche Wettkämpfe, sondern auch, mit Wasser gefüllt, als Schauspiel für inszenierte Seeschlachten diente, haben einige dieser arbeitenden Römer von der Stadtreinigung unter Wasser gesetzt, vermutlich, weil die Spuren des nächtlichen *dolce vita* beseitigt werden müssen. Genauso hat der Fotograf Leonhard von Matt die Piazza vor einigen Jahren für einen populären Bildband aufgenommen, und genauso sieht man sie auf einem Bild aus der Mitte des 19. Jahrhunderts, dort allerdings wiederum zu einem Spektakel geflutet: ein Kutsche umrundet, bis zu den Speichen eingetaucht, den Mohrenbrunnen; um die Fontana dei fiumi tummeln sich Boote. Und so war es auch schon ein Jahrhundert früher gewesen: Auf einem Gemälde von Gian Paolo Panini von 1756, das man in der Landesgalerie Hannover bewundern kann, noch mit der alten Frührenaissance-Fassade von *San Giacomo degli Spanioli* rechts im Vordergrund und dem Obelisken als Fluchtpunkt, ist der Platz von einer festlich gekleideten Menge umgeben, während im Wasser geschmückte Kutschen ihre Kreise ziehen.

Die pittoreske Bettlerin mit dem Caravaggio-Blick, die *Sant' Agnese in Agone*, *San Luigi dei Francesi* gerade um die Ecke und einige andere Kirchen abläuft, ruht sich wohl noch von den Anstrengungen des letzten Tages aus. Aber überall sonst im Viertel herrscht schon geschäftiges Treiben: winzige Läden öffnen sich, in denen oft kaum erkennbar ist, was sie eigentlich verkaufen; aus ebenso winzigen Werkstätten dringt emsiges Hämmern, Bohren, Sägen. In der Via del Circo Agonale, nahe der Piazza Navona, wo sich noch Reste der Baustruktur des alten Circus unter dem Niveau des heutigen Platzes finden, ist ein kleiner Obstmarkt entstanden; an der Piazza di Pietra, vor der Börse, sammelt eine grimmig entschlossene Fremdenführerin mit einem grünen Fähnchen eine Runde von verschlafenen Rheinpreußen zum ersten Rundgang, Richtung Spanische Treppe. Nahebei liegt die Albergo Cesari, wo Ferdinand Gregorovius wohnte, der sich stolz einen römischen Bürger nannte und dem Volk von Rom seine »Geschichte der Stadt Rom im Mittelalter« schenkte.

An der Piazza Colonna empfiehlt sich eine Dinosaurier-Ausstellung durch eine lange Schlange wartender Besucher, hinten in der Via dei Sabini wächst die

Kralle des Godzilla aus dem Boden ins Vestibül. »Size does matter«, prahlt ein Plakat.

Und da liegt vielleicht mein Problem mit der Rombegeisterung von Generationen. Jahrhundertelang eilten die Söhne der gebildeten Stände und in ihrem Gefolge Maler, Dichter und Komponisten nach Rom, um von den Bergen der Umgebung auf heroische Landschaften herunterzublicken oder auf den Ruinenfeldern der Stadt ehrfürchtig zu kolossalen Mauern, Säulen, Kuppeln hochzustarren, den Kopf in den Nacken gelegt, erschauernd in dem Bewußtsein, Teil eines nachgeborenen Geschlechts zu sein, das derartiges niemals erreichen könne.

Gewiß konnte man, allein schon wegen der ungeheuren Masse und Qualität der vorhandenen Überbleibsel der Antike, wie Winckelmann, der nicht müde wurde, dies zu behaupten, mit Grund der Meinung sein: »Alles ist nichts gegen Rom« – die Archäologie Griechenlands und der östlichen Hochkulturen lag ja noch in den Windeln. Zunächst bediente sich hauptsächlich die Kirche unbefangen, aber sehr bewußt, des Formenkatalogs der römischen Herrschaftsarchitektur. Aber spätestens seit der Französischen Revolution drückten Bauten im römischen Stil Größenwahn und imperiale Bestrebungen der neuen Nationalstaaten aus. Und das Bewußtsein, in Roms Fußstapfen treten und die Welt beherrschen zu können, findet sich auch in dem, was Rombesucher in aller Unschuld so äußerten.

Konfrontiert man sich damit, wie oft sich in der deutschen Literatur über Rom die Bewunderung der Stadt mit verächtlichen Bemerkungen über die lebenden Römer, über den Staat und die Zivilisation des gegenwärtigen Italien mischt, dann liegt der Gedanke nahe, daß die römischen Altertümer in ihrer majestätischen Größe für viele Rombesucher versteinerte Projektionsobjekte ihrer eigenen Allmachtsphantasien waren, deren Kehrseite die Verachtung der anderen ist.

Und ganz gewiß galt dies auch noch für viele deutsche Romfahrer der frühen Nachkriegszeit, die den verlorenen Krieg erst einmal als narzißtische Kränkung

PIAZZA RV
DI
TOR SANGUIGNA

überwinden mußten. Es ist auffällig, daß eine »Toskanafraktion« unter den Italienpilgern erst im Gefolge der Studentenrevolte von 1968 entstand, und daß erst in den letzten zehn Jahren so etwas wie eine ›Sankt-Markus-Fraktion‹ im Entstehen ist.

Und wenn ich jetzt an der Porta Pia auf die berühmten Aurelianischen Mauern der Stadt Rom stoße, erhalte ich eine Geschichtslektion: Größe ist eine historische Hypothek, an deren Tilgung schon manche Herrschaft zerbrochen ist.

Wenn ich die römische Geschichte richtig verstanden habe, dann war die Größe dieses Herrschaftsgebildes nicht unbedingt das Ergebnis einer zielstrebigen Expansionspolitik, sondern einer Entwicklung des Mittelmeerraums zu einer Wirtschafts- und Kulturgemeinschaft, die ohnehin im Gange war, und Rom fiel eine Rolle zu, die es von Anfang an überforderte. Die Römer wußten das und beschränkten sich. Am deutlichsten wird das in der Militärpolitik Hadrians, der, wie Montesquieu in seinem Werk über »Größe und Niedergang Roms« mit Erstaunen anmerkt, freiwillig Gebiete aufgab, die sein Vorgänger Trajan erobert hatte.

Vergleicht man den Machtapparat des römischen Kaiserreiches etwa mit den Bürokratien der EG-Mitglieder, dann muß man Rom als einen »schlanken Staat« bezeichnen, der mit bemerkenswerter Effizienz über Hunderte von Jahren hinweg ein riesiges Gebiet verwaltete. Die Römer merkten sehr früh, daß die Größe zum Problem wurde, gerade deshalb, weil das, was wir heute Lebensqualität nennen, in diesem Gebiet hoch war. Unter den vielen Gründen, die für den Untergang des Römischen Reiches diskutiert wurden, ist der immer höhere Aufwand, der nötig war, die Grenzen gegen die Habenichtse der außerrömischen Welt zu sichern, wahrscheinlich der wichtigste. Mit einem Militärapparat, der den Wohlstand des Reiches verschlang, konnten arme *und* reiche Römer auf die Idee kommen, die Barbaren seien das geringere Übel.

Als Romtourist treffe ich zwar immer wieder auf diese Mauer, etwa wenn ich die Cestius-Pyramide oder das Grab der Priscilla an der Via Appia Antica, *San Giovanni in Laterano* oder eine der großen Pilgerkirchen *fuori le mura* besichtige, und so einige Male habe ich in einem Romführer gelesen, daß diese 19 Kilometer Mauern, von einigen Durchbrüchen und vom Tiberufer abgesehen, immer noch im wesentlichen so dastehen, wie sie von Kaiser Aurelianus in den Jahren 270–274 erbaut und von seinen Nachfolgern erhöht und verstärkt wurden. Aber eigentlich erfahre ich die Realität dieser Information nicht wirklich. Ich habe mir also vorgenommen, diese Mauer abzulaufen, und zwar von außen, aus der Perspektive der Barbaren. Und ich beginne an der Porta Pia, die einmal Porta Nomentana hieß, und gehe nach Süden, bis die Mauer auf den Tiber trifft. Die Viertel außerhalb der Mauer, an deren Rand entlang dieser Gang führt, verkörpern auch ein Kapitel der Stadtgeschichte nach dem Ende des Kirchenstaats. Zu den bürgerlichen Wohnvierteln der Gründerzeit um die Via Nomentana an der Porta Pia steht das in der gleichen Zeit erbaute Proletarierghetto östlich der *Basilica San Lorenzo* in krassem Gegensatz. Das Gebiet dazwischen, dort, wo Aurelians Mauer einen Knick nach Osten macht, um auch die schon vorhandene Mauer um das Lager der Prätorianergarde einzubeziehen, ist heute das Hochschulviertel mit der Nationalbibliothek, dem Poliklinikum und der Universität.

Der Weg führt mich drei Stunden lang durch ein Rom, das nichts Touristisches an sich hat, zunächst am Viale Pretoriana, dann der Via Porta Labicana entlang, wo die Mauer auf die Gleisanlagen von Stazione Termini trifft. Auf der anderen Seite der Straße kleine Handwerksbetriebe, Werkstätten, bescheidene Läden, ärmliche Wohnblocks vom 19. Jahrhundert bis zum Faschismus. In der Labicana ist in der Wand ein Trinkwasserbrunnen, an dem ich meine Flasche fülle und den gekauften Apfel wasche. Ebenso ist in dem kleinen Park westlich der Porta Asinaria, außerhalb von *San Giovanni in Laterano*, für das Wasser der kleinen Leute gesorgt, ein historisches Relikt aus einer Zeit, als fließendes Wasser im eigenen Haus auch in Rom ein Privileg der Reichen war. Kleinbürger und junge Leute ruhen sich auf den Bänken aus oder verzehren eine im Vorübergehen gekaufte Pizza. Ein Penner schläft auf einer der Bänke, jemand hat ein kleines Zelt aufgestellt und die »Tür« mit einem Vorhängeschloß versehen. Langsam wird die Gegend grüner, die Wohngegend ansehnlicher, es gibt einen Tennisplatz an der Außenseite der Mauer, eine große Wiese mit Apfelbäumen. Zwischen Termini und der Cestius-Pyramide habe ich – abgesehen von *San Giovanni in Laterano* und dem kleinen Touristenmarkt an der Porta di San Giovanni – nicht einen einzigen Touristen gesehen und westlich davon kaum einen Menschen; eine Frau, die ihren Hund an der Mauer Gassi führt, zweimal drei Männer in Joggingkluft, zum Schluß Arbeiter, die unter Aufsicht eines »Spezialisten« ein Stück der Mauer wieder instand setzen. Unweit der Cestius-Pyramide und des Protestantischen Friedhofs, gegenüber der Post von Porta Ostiense, entdecke ich dann in einem kleinen Park einen Fernostmarkt: die Frauen verkaufen Gemüse in Körben, plauschen und lachen, die Männer spielen Karten, wohl auch um Geld; es wirkt ein bißchen wie eine chinesische Spielhölle im Grünen. Ich frage die Frauen, wo sie herkommen, und sie lachen freundlich und wollen nicht einmal wissen, warum mich das interessiert: von den Philippinen, aus Vietnam, aus China. »Die beiden sind Vietkong«, sagt ein Mann und zeigt auf zwei junge Mädchen; die schütten sich aus vor Lachen.

Die Arbeiten an der Mauer sind seit meinem letzten Besuch sehr weit vorangekommen: Der ganze Mauerabschnitt wurde in den letzten Jahrzehnten, abgesehen von einigen Stellen, wo Eisenbahn oder Straßenbau größere Lücken gerissen haben, sehr gut restauriert, bis zum Ende nahe dem Tiber, am Monte Testaccio, dem Stadtviertel auf Tonscherben.

Der Bau der Mauer drückt eine schockierende Einsicht aus: daß selbst die Hauptstadt dieses Reiches nicht wirksam militärisch geschützt werden konnte, daß ein politisches Geb lde dieser Größe verwundbar ist. Wenn ich sage, daß Aurelian die Mauer baute, oder vielmehr, daß er die Maurer Roms zur Teilnahme an diesem Bau aufrief, und diese sie in nur vier Jahren fertigstellten, so muß ich mir gleichzeitig vor Augen halten, daß er in diesen vier Jahren in Rom allenfalls Gastspiele gegeben haben kann. In dieser Zeit vertreibt er mit seinen Soldaten die Vandalen aus Pannonien und die Juthungen aus Italien, zieht in die östliche Reichshälfte, bekämpft an der Donau die Karpen und entscheidet sich, die Provinz Dacia aufzugeben, die er nicht halten kann, besiegt Palmyra, kämpft auf dem Rückweg nach Rom wiederum gegen die Karpen, führt einen zweiten Krieg gegen Palmyra, besiegt den Gegenkaiser Tetricus in Gallien und wird auf dem Weg zu einem neuen Feldzug, diesmal gegen die Perser, ermordet. Zehn Jahre später muß Kaiser Diokletian das Reich teilen, die Hauptstädte näher an die Grenzen verlegen: Garnisonstädte werden zu Residenzen. Die Mauer, im nächsten Jahrhundert zu der imposanten Höhe angewachsen, in der sie sich mir präsentiert, scheint unbezwingbar zu sein. Ihr Umfang macht mir erfahrbar, wie ungeheuer groß, wie mächtig diese Stadt war, und wie schutzlos, als die Vandalen, die Goten vor ihren Toren standen.

Vor den Toren mußten von altersher auch die Toten bleiben; wie vernünftig diese Vorschrift der Römer war, läßt sich an den hygienischen Schwierigkeiten erkennen, die jahrhundertelang Paris und andere Städte mit ihren Toten *innerhalb* ihrer Grenzen hatten. Auf dem Protestantischen Friedhof sind Tote begraben, die den Päpsten vor den Mauern geheurer waren. »Protestantisch« ist eigentlich eine falsche Übersetzung für »acattolico«; auf dem Friedhof liegen auch orthodoxe Russen und der marxistische Philosoph Antonio Gramsci, der in einem faschistischen Gefängnis an Tuberkulose erkrankte und 1937 starb. Ingeborg Bachmann, die hier fehlt, muß zumindest zitiert werden: »In Rom habe ich in der Früh vom Protestantischen Friedhof zum Testaccio hinübergesehen und meinen Kummer dazugeworfen. Wer sich abmüht, die Erde aufzukratzen, findet den der anderen darunter.«

Der Friedhof bittet flehentlich um Spenden, er lebt nur noch vom Defizit, selbst die Katzen leiden Hunger. Zumindest das letztere ist eine Legende; die meisten

Katzen an der Cestius-Pyramide benötigen eine Schlankheitskur. Ich bin an diesem Punkt wählerisch: fette Katzen sind mir ein Greuel. Ich suche mir also für mein Interview eine schlanke Graugetigerte aus und tue, was man in solchen Fällen tun muß: ich halte ihr meinen Zeigefinger hin, das ist so, wie wenn man in einen Geldautomaten seine Geheimzahl eintippt. Sie schnuppert lange, dann verlangt sie eine Stimmprobe. »O Katze!« sage ich. Schließlich habe ich T. S. Eliots »Old Possum's Book of Practical Cats« gelesen und weiß, was sich schickt. Sie honoriert das mit einem offenen Blick und entschließt sich, nicht wegzulaufen, wenigstens nicht für den Augenblick. »Es ist schwer«, sagt sie mir, »sich nicht korrumpieren zu lassen. Wir sind die älteste Familie der Stadt, ein stolzes Geschlecht wie die Orsini und die Colonna. Wir sind wahrlich die letzten echten Römer.« Sie hält inne und blinzelt schlau zu mir herüber. Hatte ich bemerkt, daß sie aus Wolfgang Koeppens Romroman zitiert, die Stelle, wo er von den Katzen am Pantheon spricht? Ich hatte, und es entging ihr nicht. »Wir waren einmal das stolze Lumpenproletariat der Gräber«, fährt sie fort; »jetzt werden wir von einem Verein zur Pflege der Cestius-Katzen ausgehalten.« Ich wußte, was sie meint. Ich hatte den Spendenaufruf der AISPA schließlich noch in der Hand, der die Cestius-Katzen als »Wächter der Toten« bezeichnet. »Und was halten Sie von dem Artikel in ›Where in Rome‹?« frage ich. »Dort werden Sie ›Wächter der uralten Stadt‹ genannt«. Sie schweigt lange, dann schließt sie die Augen. »Es scheint, daß diese Leute uns mit Gänsen verwechseln. Wir wachen weder über das Kapitol noch über die Toten. Wir wachen oder schlafen, je nachdem, wozu wir gerade Lust haben. Dazu hat uns Gott bestimmt.« »Bravo«, sage ich, »weiter so. Sie sind eine echte Römerin, *una vera Romana*.« Oder hatte sie vielleicht gesagt: »die Götter«?

Da mich die Füße schon so weit getragen haben, gehe ich auch noch zu meinem Hotel zu Fuß. Es bleibt gerade soviel Zeit, mich für das abendliche Konzert umzuziehen. Wegen drohenden Regens findet es nicht, wie ich gehofft hatte, in den angestrahlten Ruinen des *Teatro di Marcello* statt, sondern in der Kirche *San Nicola in Carcere* nebenan.

Ein junger Preisträger spielt Schubert und anderes. Meine Konzentration läßt nach, als mein Blick auf eine steinerne Bodenplatte mit folgender lateinischer Inschrift fällt: »Hier ruht ein sehr großer Sünder (maximus peccator), der einst Kanonikus dieser ehrwürdigen Kirche war. Betet, Freunde, für sein Seelenheil. Er verschied am 6. Januar 1722 im Alter von 77 Jahren 8 Monaten und 7 Tagen.« Schwingt da nicht ein wenig Stolz mit? Zumindest hatte Gott ihn nicht mit einem frühem Tode gestraft. Im wahrsten Sinn des Wortes ein *alter* Sünder, der da um Gebete nachsuchte. Ich sehe ihn in diesem Augenblick förmlich vor mir, den rüstigen, nicht allzu zerknirschten Greis, wie er mit funkelnden Augen einer hübschen Witwe nachblickt. Reue hat allemal auch ihre Belohnung, wie das Oratorium »La morte del cor penitente« (Der Tod des reuigen Sünders, gedruckt 1705) von Giovanni Legrenzi, einem Zeitgenossen des wackeren Kanonikus, zeigt: Um den Sünder, gesungen von einem Tenor, kümmern sich liebevoll die allegorischen Figuren der »Reue« (Sopran), der »Hoffnung« (Sopran) und des »Chors der Qualen« (Alt, Tenor und Baß). Von Qualen ist in der Tat viel die Rede, aber die Musik spricht eine andere Sprache. Sie ist einschmeichelnd, berückend, von erotischer Eindringlichkeit, geradezu ekstatisch, das musikalische Gegenstück zu den Kirchen der Gegenreformation in Rom, die den Besucher auf Erden schon ein wenig von den Wonnen des Himmels spüren lassen.

Und auch an diesem Abend feierte die Jugend ihr Fest auf den Plätzen, in noch größerer Anzahl als gestern. Es geht aufs Wochenende zu. Aber gegen zwei Uhr bereitet ein Gewitter mit einem kräftigen Regenguß dem Fest ein Ende. Oder doch nicht? Es ist wie ein Feuerwerk, das mich in den Schlaf wiegt.

Noch sechsunddreißig Stunden bis Laura

Schöne Augen, meine geliebten Augen,
Zügelt Eure Blicke,
Aus Mitleid vor dem Feuer, in dem ich brenne.
Ihr verwundet mein Herz.

Luigi Rossi (1597–1653),
Cantate Romane

Warum bin ich allein in Rom? Wir konnten es uns nicht aussuchen; Laura muß arbeiten, bis morgen abend. Übermorgen werde ich umziehen; das Zimmer in meiner wunderbar ruhigen Pension ist vergeben. Zwei Stunden später werde ich Laura an der Stazione Termini abholen.

Wir werden Rom gemeinsam erleben.

Wenn das Wort »zusammenleben« irgendeinen Sinn hat, dann im gemeinsamen Urlaub. Jedenfalls für mich. Man wohnt in einem oft winzigen Zimmer, man frühstückt zusammen auf einem kleinen Balkon oder liegt auf einem Schattenplatz am Strand, auf dem gerade für zwei Handtücher Platz ist. Es gibt tausend kleine Berührungen, absichtliche und unabsichtliche; der Körper des anderen ist nie so weit entfernt, daß man ihn nicht mit einem Schritt, einem Ausstrecken des Arms erreichen könnte; man bewegt sich kaum jemals aus dem Duftkreis des Menschen heraus, den man liebt.

Mit Laura geht es mir jedenfalls so; der Zauber, der einmal bewirkt hat, daß ich mich in sie verliebte, überfällt mich im Urlaub ungebremst und ergreift von mir Besitz; die Sehnsucht verläßt mich niemals in dieser Zeit, nicht einmal im Schlaf, lebt in mir sogar gegen meinen Willen, wenn ich gerade wütend auf sie bin oder sie mir mit irgendeiner kleinen Eigenart auf die Nerven geht, die ich zu Hause nicht einmal bemerke. Selbst schlechtes Essen und eine durchgelegene Matratze werden zu Randerscheinungen.

Während der Arbeitszeit muß die gegenseitige Verführung organisiert werden, durch ein gemeinsam besuchtes Konzert, ein Abendessen bei Kerzenschein, einen Waldspaziergang mit einem wunderbaren Gespräch, wie auch immer. Im Urlaub ist sie stets präsent. Urlaub zu zweit hat für mich immer noch etwas von Adam und Eva im Paradies, und das Wunderbare daran ist, daß die ganze Schöpfung an der gesteigerten Empfänglichkeit der Sinne teilhat; die Welt ist voller Wunder, wie vor dem Sündenfall.

Agnes, Cäcilia und andere Frauen

»Frauen wurden eifersüchtig verfolgt wie Danaiden und Dirken, ertrugen fürchterliche und grauenhafte Peinen, wandelten so auf dem sicheren Pfade des Glaubens und holten sich den herrlichen Preis, obwohl sie schwach am Leibe waren.«
Clemens von Rom, Bischof von Rom, um 95 n. Chr.

»Die Martyrien sind das erste Verbrechen der Religionen. Sie sind der Tribut, den sie von edlen und schönen Seelen erheben.« *Stendhal, Wanderungen in Rom, 1829*

Es regnet in Strömen, und sogleich wachsen, wie Blumen, dunkelhäutige Menschen aus dem Boden und bieten große und kleine Schirme zum Verkauf an. Rom hat wieder, wie zur Zeit des Kaiserreiches, afrikanische Bewohner; aber ihr Status ist, anders als damals, als viele Afrikaner römische Bürger waren, durchaus prekär. Ein Uniformierter schreitet ein, statuiert ein Exempel und verschafft damit dem Gesetz gegen wilden Straßenhandel Geltung, aber eben nur im Prinzip; denn gleichzeitig verkaufen alle anderen im Viertel weiter ihre Schirme und sind den Passanten willkommen; Touristen sind Optimisten und haben keine Schirme dabei, wenn sie sich im Süden aufhalten.

Ich kann dem flexiblen Umgang der Obrigkeit mit dem Gesetz meine stille Bewunderung nicht versagen; und mir kommt, während ich vor der Kirche der heiligen Märtyrerin Agnes an der Piazza Navona stehe, die Politik der römischen Kaiser gegenüber den Christen in den Sinn, die *prinzipiell* als Staatsfeinde gelten mußten, weil sie den Kaiserkult verweigerten, aber in der Praxis bis zur Mitte des 3. Jahrhunderts nur selten verfolgt wurden, nach Kaiser Trajans Grundsatz: *quaerendi non sunt* – man soll sie nicht aufspüren, sondern nur reagieren, wenn man unbedingt muß. Man mußte vor allem einschreiten, wenn es sich um Offiziere und hohe Beamte oder andere Persönlichkeiten handelte, die im Licht der Öffentlichkeit standen, und bei denen es auffiel, wenn sie den Kaiserkult verweigerten oder umgingen. Zweifellos war Flavia Domitilla, die Enkelin des Kaisers Vespasian, so ein Fall. Sie wurde 95 n. Chr. von Kaiser Domitian verbannt; ihren Mann, den Konsul Titus Flavius Clemens, ließ er hinrichten. Der Vorwurf der »Gottlosigkeit« (d.h. Zugehörigkeit zu einer dem Kaiserkult feindlichen Sekte) war wohl eher zweitrangig, denn Domitian, dessen Herrschaft in den neunziger Jahren paranoide Züge annahm, machte zur gleichen Zeit einer ganzen Reihe von Senatoren den Prozeß. Viel später benannte man eine der größten Katakomben nach Domitilla.

Die Christen verfolgen zu *müssen*, glaubte mancher Kaiser auch, wenn es innenpolitische Probleme gab und es zweckmäßig schien, dem Pöbel einen Sündenbock anzubieten. So war es wahrscheinlich bei der neronischen Christenverfolgung, etwa dreißig Jahre früher, nach einem Großbrand in Rom. Nero war wohl nicht schlimmer als Domitian, aber sein Nachruhm als unübertroffenes Stinktier, bei dem auch die Erziehung durch Seneca wenig genützt hatte, ist seit Tacitus, Sueton und Dio Cassius durch zahlreiche Werke der Weltliteratur gesichert, und er gehörte zu der Art von Despoten, denen solche Tricks auch ohne Erziehung einfallen. Die Fama, die dem Nero zu einer so schlechten Presse verhalf, überliefert auch zahlreiche Beispiele für jenen dunklen Zusammenhang zwischen »Grausamkeit und Sexualtrieb«, über den noch Freud rätselte und der in der Darstellung des Martyriums durch die römische Kirche später eine so große Rolle spielen sollte. Nicht allein, daß er seine Mutter Agrippina und seinen Rivalen Britannicus vor ihrer Ermordung vergewaltigte, er erfand auch ein neues Spiel: Er ließ sich in die Haut eines wilden Tieres einnähen und stürzte sich so auf zum Tode verurteilte Männer und Frauen.

Adolf von Harnack hat in seinem berühmten Werk über die Ausbreitung des Christentums gezeigt, daß die viel spätere massenhafte (aber auch immer wieder von Perioden der Ruhe unterbrochene) Verfolgung der Christen ab 249 n. Chr. politische Gründe hatte, ein Produkt der Reichskrise war, und man könnte messerscharf schließen, daß die kultische Verehrung der Märtyrer in der römischen Kirche aus diesem ›Kulturkampf‹ hervorging, daß er ein Ausdruck trotzigen Beharrens auf dem eigenen Glauben, aber mehr noch, seit Kaiser Konstantin, Ausdruck des Triumphes der Christenheit, vielleicht sogar eine Form der ideologischen Abrechnung mit dem besiegten Christengegner Diokletian und seiner Ära war.

Die Verehrung der römischen Märtyrerinnen Domitilla, Cäcilia und Agnes zumindest legt diese Vermutung nahe. Das Martyrium der Agnes fand nach der Tradition um 250, also unter Decius, oder nach 300 statt, also unter Diokletian, und *Sant' Agnese in Agone* ist an einer Stelle erbaut, wo es wohl in der Nachbarschaft des *Circus agonalis* ein öffentliches Haus, ein Bad oder Bordell gab, in dem die jungfräuliche Agnes nach der Legende nackt dem Gespött der Männer preisgegeben wurde. Die zweite große Kirche der Heiligen in Rom, *Sant' Agnese fuori le mura* in der Via Nomentana, wurde noch im gleichen Jahrhundert während des Pontifikats Papst Damasus I., von dem eine Inschrift gefunden wurde, von einer Prinzessin aus der Familie Kaiser Konstantins erbaut; man darf also durchaus annehmen, daß der Kult der gemarterten Frauen eine politische Dimension hatte.

Es gibt allerdings noch einen anderen, innerkirchlichen Kontext für diesen Kult; wenn man Harnack in seinem Kapitel über die bedeutende Rolle der Frauen im Frühchristentum folgt – einmal gebraucht er in diesem Zusammenhang für eine seiner Quellen sogar das Wort *feministisch* –, drängt sich durchaus der Verdacht auf, daß die Verehrung der Märtyrerinnen im gleichen Maß zunimmt, in dem ihre aktive Rolle innerhalb der Kirche zurechtgestutzt wird, ein Kampf, an dem die römischen Bischöfe aktiven Anteil nehmen. Harnack zählt an die fünfzig Namen von Frauen auf und weist nachdrücklich darauf hin, daß viele weitere »sicher beglaubigt« sind, die von ihren Verfolgern »gemartert, ins Exil geschickt oder der Unzucht preisgegeben worden sind«. Wo in unserem Jahrhundert Scheußlichkeiten im Rahmen staatlich geförderten Massenmords begangen wurden, war immer auch Demütigung von Frauen und Gewalt an Frauen Teil der den Opfern zugedachten Erniedrigung, und das dürfte bei den Christenverfolgungen nicht anders gewesen sein, auch wenn die Märtyrerakten viele legendenhafte Zutaten aus späterer Zeit enthalten.

Aber auch die Priester und Bischöfe – einschließlich der Bischöfe von Rom – sind ausschließlich Männer, seit etwa der gleichen Zeit, in der die Konjunktur der Märtyrerinnen begann, und das Konzil von Elvira die Richtlinien der Sexualmoral neu definierte. Die offiziellen Märtyrerakten, das *Martyrologium Romanum* – in einer Fassung aus dem 16. Jahrhundert bis zum Zweiten Vatikanischen Konzil Teil kirchlicher Lehrverkündigung – waren bis vor kurzem auch Bestandteil der Priesterausbildung, und ich weiß von einem Priesterseminar der Jesuiten in Deutschland, wo den künftigen Geistlichen täglich zu Beginn des Mittagessens die Vita der römischen Tagesheiligen aus diesem Buch verlesen wurde, auf Lateinisch, mit genauer Darlegung der einzelnen Martern im *ablativus absolutus*. Kann der Kirche über Jahrhunderte die sexuelle Komponente der detaillierten Darstellung von Gewalttaten an Frauen entgangen sein, oder schwang da gar eine unbewußte, klammheimliche Freude darüber mit, daß den Frauen, die in den ersten Jahrhunderten so viel Aktivität bei der Verkündung und Verbreitung des Christentums entfaltet und so viel Ärger bei der Auseinandersetzung mit einigen Häresien bereitet hatten, nun endlich das Maul verschlossen worden war? War die herausgehobene Rolle der (toten) Frauen ein Ersatz für die kirchenpolitische Enthauptung der lebenden Frauen in der Kirche?

Der jungen Frau mit den wunderschönen langen Haaren, die ihre Blöße bedeckten, als man sie in Domitians Stadion dem Pöbel vorführen wollte, ist die schöne Kirche zu ihren Ehren an der Piazza Navona zu gönnen, wenn auch, wie bei so vielen Kirchen

Roms, das Gesamtkunstwerk beeindruckender ist als einzelne, durchaus zweitrangige Kunstwerke im Innern. Stendhal rühmt das »reizende Basrelief« des Martyriums der enthaupteten Agnes in der Unterkirche von Algardi; mir bleibt ein Unbehagen.

Viel Regen, viele Kirchen, das ist ein alter Erfahrungssatz für Rom. Und so betrete ich wenige Minuten später, nur einen Steinwurf von der Piazza Navona entfernt – aber wer würde an diesem Platz schon mit Steinen werfen? – die Nationalkirche der Franzosen, die Kirche des heiligen Ludwig, *San Luigi dei Francesi*, mit ihrer schönen Renaissancefassade, und zu Recht berühmt wegen ihrer Caravaggio-Bilder in der Matthäus-Kapelle vorne links. Die zweite Kapelle von rechts ist der heiligen Cäcilia geweiht, und die Fresken von Domenichino würdigen Leben und Leiden dieser römischen Märtyrerin, die um 230 hingerichtet worden sein soll, nachdem sie den ihr aufgezwungenen heidnischen Bräutigam Valerian (der aus einer Patrizierfamilie, den Valerii kam) zum Christentum bekehrt hatte – oder vielleicht ist in diesem Zusammenhang ›verführt‹ nicht ganz falsch. Denn im Mittelalter wurde die Legende prächtig ausgeschmückt: beim Festmahl lehnte sie die weltliche Hochzeitsmusik ab und bat Gott – singend – um Bewahrung ihrer Jungfräulichkeit. Und so überzeugte sie Valerian nicht nur von ihrem Glauben, sondern auch von den Vorzügen einer jungfräulichen Ehe. Daß der Bräutigam, ohnehin von ihrer Schönheit hingerissen, dem flehenden Klang eines frühchristlichen (sagen wir einmal) Mezzosoprans nicht widerstehen konnte, finde ich nachvollziehbar.

Warum Frauen wie Agnes und Cäcilia zunächst einmal überhaupt in die Maschinerie der Christenverfolgung gerieten, ist grauenhaft, aber eindeutig: Es handelte sich um Frauen, die sich kategorisch weigerten, der im römischen Recht sehr ausgeprägten väterlichen Gewalt zu gehorchen und den Mann zu heiraten, der ihnen vom Vater bestimmt war, in diesen Fällen weil er nicht Christ war. Der Wunsch, lieber jungfräulich zu bleiben als den Heiratsbefehl zu befolgen, war wohl erst ein Ergebnis der Auseinandersetzung. Das heißt: Die Denunziation als Christin ging vom

Vater oder dem abgewiesenen Freier aus, sie war die *ultima ratio* väterlicher Macht. Im kirchlichen Kult wurde damit herausgestellt, daß die väterliche Macht Gottes die der irdischen Väter brechen konnte.

Wenn schon die Karriere der heiligen Agnes erstaunlich ist, so kann sie sich doch nicht mit dem schwindelerregenden Aufstieg der Cäcilia vergleichen, die seit dem 15. Jahrhundert zur Patronin der Musik geworden ist, zu einer christlichen Muse sozusagen. Auch das hatte freilich, würde ich sagen, etwas mit Kirchenpolitik zu tun. Bei der Auseinandersetzung um die liturgisch korrekte Rolle der Kirchenmusik zu Beginn der Neuzeit brauchten die Anhänger einer »neuen Musik«, die deren Gegnern wie verführerisches Teufelswerk klang, unbedingt eine Heilige und Märtyrerin als Beschützerin; und Cäcilia, die ich mir – trotz dieser Geschichte mit der Jungfräulichkeit – als eine Frau mit einem liebevollen Herzen vorstelle (nur floß die Liebe halt nicht in Richtung ihres Bräutigams), übernahm nach und nach das Patronat über die Musik überhaupt, deren sänftigenden Einfluß auf die wilden, aggressiven Leidenschaften der Männer am schönsten der große Händel in seiner Cäcilien-Ode von 1739 gerühmt hat – in der sie übrigens in trauter Eintracht mit Orpheus besungen wird. (Schließlich war Händel, der 1707, gerade zweiundzwanzig Jahre alt, nach Italien ging, während seiner römischen Zeit ein Protegé des Kardinals Ottoboni, und seine Oratorien machten großen Eindruck, so daß es durchaus glaubwürdig ist, daß Cäcilia den jungen Komponisten mit ihrem Liebreiz genauso betört hat wie Valerian und mich – aber davon später.)

Regen in Rom nach langen Sonnentagen ist eine stets neue Erfahrung. Alle Farben leuchten in einem satten Mattglanz, besonders die der alten Fassaden. Und die Gerüche! Starke Raucher sind im Nachteil – für Rom ist eine feine Nase wichtig, trotz der Autoabgase.

Über die Engelsbrücke (dem römischen Pons Aelius) treibt es mich zur Engelsburg, dem Zufluchtsort der Päpste in mancherlei Drangsal, der mit dem Vatikan

durch einen Wehrgang verbunden ist. Aber bevor das Bauwerk eine kirchliche Karriere machte, war es einmal das Mausoleum des großen Hadrian, und wenn ich langsam die spiralförmige Rampe zur Grabkammer hinaufgehe, spüre ich, ganz ähnlich wie im Pantheon, eine große Ruhe.

Empfehlenswert an einem solchen Tag: die Blicke aus dem beinahe rundum verglasten Obergeschoß der Engelsburg. Die große Truhe, die angeblich den Schatz des Papstes enthielt, ist zwar beeindruckend. Trotzdem wundert mich: sollte das alles gewesen sein? Schlich er sich ab und zu heimlich über den Wehrgang hierhin und wühlte in den Goldstücken? Schöne Frauen fehlen auch an den Wänden der päpstlichen Gemächer nicht; als Allegorien sind sie nicht verdächtig, den Zölibat des *Pontifex Maximus* auf die Probe zu stellen.

In einem der Staatsräume fällt mir ein Bild von Luca Signorelli (geb. ca. 1450) auf: Madonna col bambino mit den Heiligen Petrus, Paulus, Bernhard von Clairvaux (jedenfalls trägt er eine Zisterzienserkutte) und Stephanus, eine nach systematischen Gesichtspunkten merkwürdige Zusammenstellung; Petrus und Paulus erscheinen vor allem als eifrige Leser; der eine hat gedankenverloren die Schlüssel zur Kirche in der Hand und denkt offenbar über etwas nach, was er in dem halb zusammengeklappten Buch gelesen hat, der andere hält, während er hingegeben liest, sein Schwert, die Mordwaffe sozusagen, mit der man ihn, der so stolz darauf war, das römische Bürgerrecht zu besitzen, vom Leben zum Tode bringen wird, lässig auf den Boden gestützt. Glücklich gefesselte Leser! Ich weiß, ich weiß, das ist wohl nicht, was Signorelli sagen wollte oder sollte; aber ich bin nun einmal ein Büchernarr.

Im übrigen ist es erlaubt, zu träumen: Die Ausstellung läßt Marguerite Yourcenars Hadrian-Roman »Ich zähmte die Wölfin« zu Wort kommen, einen Roman über einen Mann, der zu klug für die Macht war, die er trug, und zu hellenistisch-weltbürgerlich gesinnt, um Verständnis für Kulturen und Religionen zu haben, die in dieser Welt nicht aufgingen, wie das Judentum.

Mit siebzehn und ein paar Jahre später noch einmal, als ich Romanistik studierte und Stendhals »Kartause von Parma« im Original las und rasch kapierte, daß bei Fabrice del Dongos Flucht aus der Kartause natürlich die Engelsburg Vorbild war, faszinierte mich dieser Bau schon genauso wie später in Koeppens »Tod in Rom« und mit fünfzig noch einmal, als ich zum erstenmal Puccinis »Tosca«, im Januar 1900 in Rom uraufgeführt, auf der Bühne sah; und wieder in Susan Sontags Roman »The Volcano Lover«, den leider niemand von meinen Freunden mochte.

Die Handlung der Oper spielt im Sommer 1800, nach dem Ende der kurzlebigen römischen Republik. Im dritten Akt der Oper, in der Engelsburg, wird der Maler Cavaradossi, der den flüchtigen Konsul der gescheiterten Revolution versteckt hatte, trotz der verzweifelten Bemühungen seiner Geliebten Tosca, auf Befehl des schurkischen Polizeichefs Scarpia erschossen, und Tosca wirft sich von den Zinnen des Forts in die Tiefe. In der Figur Scarpias, der Toscas Hingabe als Preis für die angebliche Rettung ihres Geliebten fordert, und den sie tötet, während er sich auf sie stürzt, hat Puccini genau jenen fatalen Zusammenhang von Sexualität und Sadismus, den Freud zu klären versuchte, musikalisch gestaltet.

Um die Jahrhundertwende war Scarpia natürlich auch ein Symbol für die reaktionäre Politik eines Kirchenregiments, das die Zeichen einer neuen Zeit nicht begriffen hatte und selbst nach der Niederlage von 1870 nicht bereit war, auf die weltliche Herrschaft in einem »Kirchenstaat« zu verzichten und einen möglichen Kompromiß zu akzeptieren, einen Kompromiß, der sich nur wenig von dem unterschied, den der Vatikan dann von Mussolini in den Lateranverträgen annahm. Den italienischen Katholiken war es bis dahin von der Kirche verboten, in irgendeiner Weise an dem neuen, liberalen Staat mitzuwirken. Der reagierte mit provokativen Nadelstichen: Man hat oft bemerkt, daß die Monumente, die nach 1870 entstanden, anklagend gegen den Vatikan gewendet sind, und daß die Straßennamen in unmittelbarer Nähe Ausdruck des antiklerikalen Ressentiments der neuen Nation waren. Diese

Unversöhnlichkeit wurde im Grunde erst im gemeinsamen Widerstand gegen die deutsche Besatzung aufgebrochen.

Es regnet noch immer in Strömen, als ich die »Straße der Versöhnung« zwischen Engelsburg und Peterskirche entlanggehe, die diesen schönen Namen nach dem Konkordat von 1929 erhielt. Menschenmassen unter einem Meer von Schirmen retten sich unter die Kolonnaden oder gleich in die Kirche, die so noch mehr als sonst den Charakter eines architektonisch aufwendig gestalteten Hauptbahnhofs für den Fernverkehr zwischen Himmel und Erde erhält. Aber mir ist nicht nach Spott zu Mute: diese großartige Inszenierung eines Traumes, des Traumes vom (Römischen) Reich Gottes auf Erden, eines Friedensreiches, wie es auch das Römische Kaiserreich in der Realität nie war, geht mir heute trotz ihrer Kälte nahe, wie jedes Scheitern einer Utopie von einer besseren Welt. Ich bleibe lange vor Michelangelos Pietà stehen.

Der Regen hat aufgehört, und beinahe ohne nachzudenken bin ich schon wieder auf dem Weg nach Trastevere, vorbei an einem Gebäude, vor dem, wie an so vielen Stellen in Rom, uniformierte junge Männer mit Maschinenpistolen im Anschlag Wache stehen, einer Abteilung des Justizministeriums, das in Italien »Ministerium der Gnade und Gerechtigkeit« heißt – so schön könnte das Reich Gottes auf Erden sein.

Die nächste Fassade, die mir auffällt, ist ein etwas heruntergekommenes Haus mit der Aufschrift *Casa della donna/Centro femminile*. Gut, daß es auch in Rom ein Frauenhaus gibt; ist es ein Zufall, daß die nächste Seitenstraße, gleich um die Ecke, Via della Penitenza heißt? Die »Straße der Reue« gleich neben dem Haus der verprügelten Frauen?

Hinter der Villa Farnesina beginnt Trastevere so richtig, und natürlich ist es bei Tag ganz anders als neulich in der Nacht, immer noch ein Viertel der kleinen, der armen Leute. Vor einer Volksküche an einem Kloster steht eine Schlange von Menschen, die es sich gewiß nicht leisten können, auch nur in einer der billigen Pizzerien etwas zu essen.

Santa Maria in Trastevere beglückt mich, weil die wunderschönen Mosaiken in der Apsis von einem freundlichen Mesner angestrahlt werden. Ich bleibe lange in der Kirche und schaue einfach nur das Mosaik an, ohne irgendeinen Gedanken, und werde dabei ruhig.

Natürlich lande ich in *Santa Cecilia*. Ursprünglich war der Leichnam der Heiligen (wahrscheinlich aus dem Geschlecht, das auch das Mausoleum der Caecilia Metella an der Via Appia Antia erbauen ließ) in den Callixtus-Katakomben an der Via Appia bestattet und von Papst Paschalis I. 821 nach Rom überführt worden. 1590 fand man das Grab der Cecilia bei einem Umbau wieder und bestattete sie neu. Die uralte Kirche aus dem 5. Jahrhundert, über einem römischen Haus errichtet, wurde immer wieder umgebaut: zuerst im 9. Jahrhundert, mit Mosaiken aus der gleichen Zeit im Chor, dann im Mittelalter, mit einem Campanile aus dem 12. und einem Altarbaldachin von Arnolfo da Cambio aus dem 13. Jahrhundert, wieder Ende des 16. Jahrhunderts und schließlich frühklassizistisch mit Fassade und Vorhof im 18. Jahrhundert. In das Kloster der Benediktinerinnen ist ein richtiger Palimpsest nach römischer Art integriert. Sie enthält den Altar, mit der liegenden und fast ganz verhüllten Gestalt der gemarterten Heiligen von Stefano Maderno, angeblich in der Lage, in der sie in ihrem Grabe aufgefunden wurde; ein raffiniertes, fast geniales Werk erotischer Kunst: es zeigt nichts und überläßt alles der Phantasie; ich behaupte, daß es für einen Mann unmöglich ist, diesen Mädchenkörper, von dem man eigentlich nichts sieht, nicht zu lieben. (Heißt das nun, daß ich ein Fall für die Via della Penitenza bin? Aber mir fehlt jede Reue.) Auch Stendhal war wohl dieser Meinung: In seinen »Wanderungen in Rom« vertritt er die Ansicht: »Dieses Werk, das, hat man es erst einmal, sagen wir, nach drei Monaten Aufenthalt in Rom verstanden, man nicht müde wird zu betrachten, hat die ganze Anmut eines alten gallischen Sonetts voller Energie.« Was immer das heißen mag.

Während ich den Altar betrachte, räumt ein Florist ein Blumenmeer aus einem Lieferwagen in den Kirchenraum, bald danach erscheint eine Gruppe von etwa fünfzig

festlich gekleideten Menschen, und schließlich in einem altersschwachen Bentley das Brautpaar. In *Santa Cecilia* darf geheiratet werden, das tröstet mich. Der traditionelle Fotograf hat einen Assistenten zur Seite, der für die Videoaufnahme zuständig ist.

Über die Tiberinsel gelange ich auf die andere Seite des Tiber und steige zu *Santa Sabina* auf dem Aventin hoch. Auch die heilige Sabina ist eine Märtyrerin von legendärem Zuschnitt, um 125 getötet – und Patronin der Hausfrauen. Die Kirche wurde im 5. Jahrhundert angeblich über ihrem Wohnhaus erbaut und läßt nach einer gelungenen Restauration sehr viel von dem Raumeindruck einer frühchristlichen Basilika spüren, obwohl die Wände wahrscheinlich nicht so nackt waren. Es findet gerade ein deutschsprachiger Gottesdienst statt, aber ein Mönch, der hinter den Gläubigen steht, schaut mehrfach ungeduldig auf die Armbanduhr: finden diese Deutschen kein Ende? Draußen warten schon die Angehörigen, und sogar das Brautpaar ist bereits eingetroffen.

Der Brautwagen ist diesmal ein Rolls Royce, Fotograf und Kameramann sind von einer kleinen Schar von Hilfskräften umgeben, die Angehörige, Gäste und Kirchenbesucher mit dramatischen Bewegungen umherscheuchen und Regie führen bei einer Hochzeit, bei der die Braut jung und stattlich, der Bräutigam winzig, schmächtig, glatzköpfig und alt ist.

Inzwischen hat der Tag seine sonnige Heiterkeit wiedergefunden.

Es ist fast zwangsläufig, daß ich heute von einer heiligen Agnes (der im Todeskampf, an der Piazza Navona) über die heilige Cäcilia zur anderen *Sant' Agnese* an der Via Nomentana gelange, der Kirche, die über den Katakomben mit ihrem Grab erbaut ist. Die einmal von Konstanze, einer Tochter Konstantins, gegründete Kirche ist das natürlich nicht mehr, aber die Mosaiken im byzantinischen Stil in der Apsis der Kirche sind majestätisch – die geschundene Märtyrerin Agnes, die im Bordell nackt von den bösen Heiden begafft wurde, ist zur römischen Kaiserin mutiert. Was nicht hindert, daß sie anderwärts meist mit einem Lämmlein abgebildet wird.

Fast wie ein Wunder aber finde ich, wie bei meinem allerersten Besuch in Rom, das Mausoleum der Konstanze nebenan. Der vorbildlich restaurierte Rundbau ist von nüchterner Strenge in der Form und strahlt trotzdem Wärme und Lebensfreude aus. Das liegt nicht zuletzt an den erhaltenen Mosaiken, die in lebendigen und frischen Farben strahlen; alle Darstellungen drücken die noch ganz heidnisch erscheinende Idee der *abbondanza*, der Fruchtbarkeit und Fülle aus: Weinlese, Vorbereitungen zu einem Festmahl; man könnte sie freilich auch als Ausdruck dafür deuten, daß Christentum nicht unbedingt strikte Abkehr von den Schönheiten der Schöpfung sein muß. (Der Sarkophag Konstanzes mit den gleichen Motiven steht in den Vatikanischen Museen.) Wieder ein Ort der Ruhe – aber es ist schon fast dunkel. Der junge Mann, der die kleine Gruppe geführt hat und zu Recht stolz auf sein Wissen und auf seine ehrenamtliche Arbeit ist, weist jedes Honorar für seine Arbeit zurück; aber er möchte ein Ende machen; seine Freundin ist gerade gekommen, sie wartet schon an der Kirchentür.

So hat, ganz ohne Planung, dieser Tag sich selbst ein Thema gestellt und mich auf den Spuren der gemarterten Heiligen durch Rom geführt.

Es ist Nacht, als ich zum Hotel zurückkehre. In meiner Pension erwartet mich eine Überraschung; sie heißt Laura. »Ich konnte früher kommen«, verrät sie strahlend.

Das Rom der Gebildeten und das Rom der Lebensfreude

Fernweh nach Rom. In der Vorstellung der meisten lebt es in einem verklärenden Licht. Es ist das Licht auf den bekannten römischen Ansichten von Canaletto und Pannini, das Licht auf den Rombildern der deutschen Romantiker, der Abend am Tiber, das Colosseum im Sonnenuntergang, … es ist das Licht, das wie eine Zauberessenz Rom zu bloßer Romantik, zu rein spiritueller Existenz und schönem Glücklichsein läutert. Die Stadt dieses Lichts hat nichts Irdisches.

Wolfgang Koeppen, Neuer römischer Cicerone, 1973

Es ist Samstag, und es ist Nacht, eine Nacht, immer noch warm genug, um dich einzuhüllen wie in ein weiches Gewand, das dir schmeichelt und dir das Gefühl gibt, aufgehoben und geliebt zu sein. Und im übrigen wärmen dich alle anderen um dich herum; vor einer Viertelstunde noch waren es Tausende, jetzt müssen es Zehntausende sein auf dem Campo dei Fiori und in den Straßen, die auf den Platz führen, in Autos, auf Motorrädern, auf Motorrollern, Mofas, Fahrrädern, zu Fuß, und es kommen immer noch mehr dazu; schon lange geht nichts mehr, weder vor noch zurück; die Polizisten stehen still wie antike Statuen, aber es gibt keinen Verkehr mehr, der sich noch regeln ließe, einige haben die Maschinenpistole im Anschlag, aber es gibt nichts zu bekämpfen; keine Schlägerei, keine gewalttätige Demonstration und erst recht kein Attentat. Die Menschen auf dem Platz und in den umliegenden Straßen, die allermeisten sehr jung, sind gut gelaunt, ohne laut zu sein, sie lächeln dich an, wenn du sie aus Versehen anstößt; alle wirken, als seien sie von einer stillen Vorfreude beseelt, als finde hier gleich eine unerhörte Bescherung statt, etwas weit Größeres, weit Stilleres als ein Popkonzert oder ein gemeinschaftliches Besäufnis in der Bierschänke, wo es Gebrautes vom Faß gibt. Ich will nicht übertreiben, aber so ungefähr jede und jeder zwanzigste hat eines von diesen kleinen Dingern am Ohr und quasselt; vielleicht teilen sie anderen, nicht so Glücklichen mit, warum sie sich so wohl fühlen, jetzt, hier, ohne erkennbaren Anlaß. »Ich stehe hier an der Nordostecke der Piazza Farnesina«, ruft ein junger Mann ins Telefon.

»Worüber freuen sie sich so? Siehst du irgend etwas Besonderes?« frage ich Laura, deren wunderbar warme, lebendige Hand ich halte, damit sie mir in der Menge nicht verlorengeht.

»Sieh dich doch selber an! Du freust dich doch auch!« sagt sie ein bißchen schnippisch – oder kokett?

»Aber ich sehe ja auch etwas Besonderes, etwas, das ich seit Tagen vermisst habe. Dich, Katzengöttin!«

»Du bist sehr gütig, mein Freund. Aber daran allein kann es nicht liegen. Du freust dich, weil alle sich freuen, und alle freuen sich, weil du dich freust, und jeder freut sich, weil jeder andere sich freut. Es ist irgendwie ansteckend.«

»Sollte es sich um Lebensfreude handeln?«

Wir einigen uns auf Lebensfreude, hier in Rom, jetzt, nach Mitternacht. Was geht uns morgen an, der Job, die Steuererklärung, das Bankkonto, der Fluglärm, die Abgase, die Wahl, die Termine, der angekündigte Streik der Busfahrer, die drohende Regierungskrise. Lassen wir uns treiben. Essen wir erst einmal ein Eis. Und als wir vor *Sant' Agnese in Agone* stehen, erinnert sich Laura an ihren letzten Rombesuch mit

Brigitte, die aussieht wie eine lombardische Contessa und auch so Italienisch spricht, obwohl sie aus der Steiermark stammt. Und es regnete. Den ganzen Tag, sieben Tage lang. Laura und Brigitte sind Sonnenkinder, bei Regen werden sie leicht ein bißchen zänkisch. Aber da war dieses Abendkonzert in *Sant' Agnese*, dieses Quartett, man spielte Corelli und Albinoni und vor allem Vivaldi, und während des ganzen Konzerts warfen sich die Violinistin und der Cellist Blicke zu, sie lächelten sich an und ... Die Geschichte gebiert eine neue Geschichte, eine gemeinsame Erinnerung an ein Pfingstkonzert in Kloster Eberbach im Rheingau; flirtete nicht die Sopranistin Claron McFaddon mit dem schönen Altus und umgekehrt, sie »äugelten«, wie Goethe das zu nennen pflegte, während sie gleichzeitig sangen wie Engel? Und von irgendwoher lächelte die heilige Cäcilia ihnen zu, sage ich und erzähle meine Odyssee vom vergangenen Tag, von dieser schönen Mädchengestalt in Sackleinen, die erotisch so anrührend ist. Wir einigen uns, daß Kunst, nicht nur das Kunstschöne, immer auch erotisch ist; auch Francis Bacon läßt sich da nicht ausnehmen, würde unsere Freundin Christina, die Malerin, sagen, die jahrelang an einem Bild malt, an Bildern, die sind wie Rom, zehn Schichten übereinander, immer wieder abgekratzt und übermalt ... Und Rom, trotz aller Scheußlichkeiten, diese unglaubliche Stadt voll von dem, was die einhundertfünfzig Romführer, die im Handel sind, »Kunstschätze« nennen, ist irgendwie »sexy«, und das spüren die jungen Römerinnen und Römer natürlich genauso wie die jungen Touristen, jetzt, wo Samstagnacht ist und sie durchfeiern können, weil sie morgen nicht arbeiten müssen.

Die nächtliche Lebensfreude führt uns im Bad der Menge von der Piazza Navona zum Pantheon und von dort zur Piazza di Spagna und schließlich zur Fontana di Trevi, wo höfliche, aber entschiedene ältere Polizisten mit väterlicher Autorität darauf achten, daß niemand ein Herz auf die Marmortreppe malt oder ein Bad im Brunnen nimmt wie Anita Ekberg mit ihrem schwarzen Samtkleid von Gattinnoni in Fellinis »Dolce Vita«. »Tut mir leid«, heißt es dann, *mi dispiace*.

»Wie war es für dich, als du das erstemal in Rom warst, als junges Mädchen? An was erinnerst du dich?«

»Ich war sicher an allen möglichen Plätzen in Rom, aber wirklich erinnern kann ich mich nur an einige – an die Engelsburg, wegen ›Tosca‹, an die Piazza Navona, die Piazza di Spagna und an die Fontana di Trevi …

Als ich achtzehn war, gab es für mich gar keine Frage, wo ich meine Abende in Rom verbringe: an einem dieser drei Plätze. Ich war mit Detlev in Rom, aber auch wenn ich allein gewesen wäre oder mit einer Freundin – man hätte sich hier getroffen. Irgend jemand spielte Gitarre und sang dazu – und um die Gitarre herum bildete sich eine Gruppe. Und ein paar Meter weit eine andere, auch ohne Gitarre. Wir tranken Rotwein aus einer Flasche, unterhielten uns oder schwiegen. Offenbar fühlten alle anderen genauso. Und wie ich sehe, ist es noch immer so. Damals wäre ich nicht gerne in ein Museum gegangen, das hätte mich zu sehr an all die verschiedenen Bildungsreisen in meiner Kindheit erinnert.«

Laura hält inne. Über ihre schöne Stirn ziehen einige Wolken. »Und woran erinnerst du dich?«

»Als ich achtzehn war, durfte ich an Italien allenfalls denken. Aber ich setzte meinen Eltern gegenüber durch, daß ich in München studieren durfte. Und als ich mit meinem Koffer vor der Theatinerkirche stand, Anfang Oktober bei strahlend blauem Himmel, an einem warmen Tag, und danach so manches andere Gebäude gesehen hatte, das mir sehr, sehr südlich vorkam, schrieb ich nach Hause: ›München ist schon ein Stück Italien‹.

Ein halbes Jahr danach fuhr ich allein mit dem Fahrrad nach Salzburg und schlenderte ruhelos durch die Straßen, und spätestens, als ich auf dem Campo Santo mit der Wolf-Dietrich-Kapelle saß, schrieb ich wieder nach Hause: ›Salzburg ist ein kleines Rom.‹ Ein paar Monate danach war es die Wieskirche, mit einer Gruppe von jungen Leuten, und ein paar Jahre später nahm mich der deutsche Millionär, bei des-

Fontana dell' Nettuno, Piazza Navona

sen Kindern ich Hauslehrer war, auf eine Autotour nach Italien mit, und ich kam mir vor wie der Ich-Erzähler aus Eichendorffs ›Leben eines Taugenichts‹. Armer Eichendorff, er war nicht so glücklich wie sein Held. Aber eigentlich hätte ich Rom lieber mit achtzehn gesehen, so wie du. Und mit dir.«

Sie lächelt. Als ich achtzehn war, war Laura noch ein Kind.

»Ist es nicht merkwürdig«, sinniert sie, »daß ganze Generationen von Romfahrern – mindestens deine, meine und die der Kids um uns herum, sich so einig darüber sind, daß dies der Teil Roms ist, wo sie sich am liebsten aufhalten, wo sie gemeinsam eine bestimmte Erfahrung machen, selbst, wenn sie einander gar nicht kennen, gemeinsam sogar mit den Bewohnern dieser Stadt? Nicht das antike Rom, wo es am gewaltigsten aus dem Boden ragt. Und daß es eine ganz andere, viel isoliertere Erfahrung ist, in einem Museum vor einer Statue oder einem Gemälde zu stehen. Selbst ein Bild zu zweit zu betrachten, muß man erst lernen. Es kann auch nicht allein daran liegen, daß hier wirkliche Menschen leben und arbeiten, daß es *ihre* Stadt ist. Denn auch dieser Stadtteil, oder eigentlich sind es zwei oder drei, zwischen Marsfeld, Tiber, Piazza del Popolo, Spanischer Treppe und Trevibrunnen, ist ja andererseits eine Inszenierung, mit seinen Palästen, Kirchen, langsam verwitternden Farben, Plätzen und Brunnen.«

»Aber genau das war es vielleicht. Auch wenn dieses Theater über Jahrhunderte dazu gedient hat, die Rivalitäten zwischen einem Dutzend Adelsfamilien zu inszenieren; jetzt sind wir alle eingeladen, gemeinsam mitzuspielen, und es ist unser eigenes Stück. Wir genießen eine urbane Inszenierung, von der wir selbst ein Teil sind: Eine Stadt als gestalteten sozialen Raum, in dem selbst ich meinen Platz habe. Franca Magnani, die eine echte Römerin war, meine Lieblingsrömerin, und deren Stimme im Rundfunk ich heute noch höre, engagiert und ein wenig aufgeregt, hat das über ihren Lieblingsplatz, die Piazza della Rotonda am Pantheon, genauso gesagt: ›Am Pantheon zu sitzen heißt für mich, auf der Bühne eines Theaters zu sein, bei dem ich gleichzeitig Zuschauer und Akteur bin. Ich werde einbezogen in diese Magie der Umgebung ...‹

Im Museum ist das anders. Ein Museum ist im Prinzip immer noch, wie vor fünfhundert Jahren, ein Rendezvous zwischen zweien: dem Sammler und dem Kunstobjekt. Auch wenn es mehrere oder viele Objekte sind. Die Sammlung ist dann eine Art Kunst-Harem. Und wenn der Fürst Farnese, Borghese oder Corsini im Laufe eines Jahres ein paar hundert Engländern, Franzosen und Deutschen auf Kavalierstour in Italien seine antike Venus zeigte, blieb es immer noch ein arrangiertes, von ihm erlaubtes Rendezvous. Selbst die Massen, die inzwischen in die Museen strömen, können an dieser Grundtatsache nicht vorbei. Außer vielleicht bei besonderen Gelegenheiten.«

Laura scheint nicht ganz zufrieden mit meiner Hypothese.

»Ich glaube, der Unterschied ist doch nicht so groß. In einem gelungenen Konzert, einer geglückten Theateraufführung, oder bei einer Ausstellungseröffnung empfinden sich die zufällig versammelten Menschen durchaus als eine Gruppe, die etwas Gemeinsames erlebt, etwas wie Glück.«

»Etwas Orgiastisches? Wie bei einem Mysterienkult?«

»Warum nicht?«

»Also sind Touristen Pilger, die am Ziel ihrer Pilgerfahrt mit anderen Erlösung suchen, auch wenn sie es selbst nicht wissen? Und alle leidenschaftlich Reisenden verkappte Mystiker, die einen Traum mit sich tragen und solange reisen müssen, bis er sich erfüllt hat?«

Das Gespräch verebbt in Erinnerungen. Und schließlich erinnern wir uns daran, daß es sehr spät ist, und daß wir morgen umziehen müssen.

Vom Scherbenhügel zum Kunstschaf

Ich war einen Morgen in der Galerie Borghese ... Sonntags versäumten wir die päpstliche Kapelle, dagegen sah ich mit Angelica ein sehr schönes Gemälde, das billig für Correggio gehalten wird. Ich sah die Sammlung der Akademie St.Luca, wo Raphaels Schädel ist ... Auch habe ich das Kapitol wieder gesehen und einige andere Sachen, die mir zurückblieben. Vorzüglich Cavaceppis Haus, das ich immer versäumt hatte zu sehen ... *Johann Wolfgang v.Goethe, Italienische Reise, 7. März 1788*

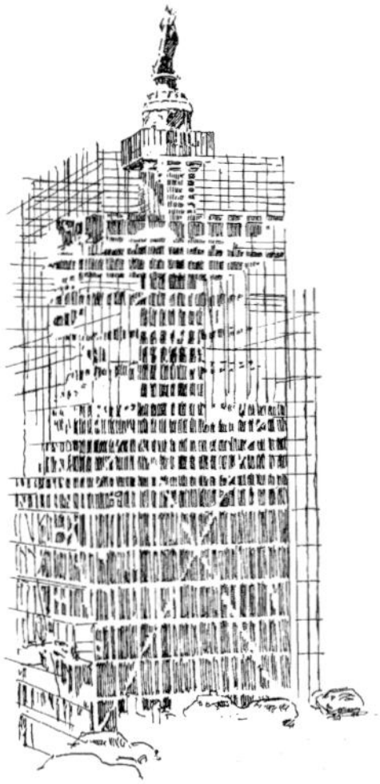

Als wir unsere Koffer im neuen Hotel ausgepackt haben und auf dem Weg nach Termini sind, fällt Lauras Blick auf den Najadenbrunnen an der Piazza Esedra vor den Diokletiansthermen, den Brunnen, der gegen Ende des 19. Jahrhunderts Ärgernis erregte, weil die Damen in jenem Kostüm zu sehen waren, das man von einer Nymphe füglich erwartet. Der Schock bleibt nicht aus: Die Nymphen sind in graue Plastikplanen gehüllt, mit Stricken verschnürt, Madernos Cäcilien-Statue nicht unähnlich, nur an einigen Stellen blitzt neckisch ein nacktes Knie, ein Stück Schulter.

»Hat hier ein unbegabter Christo-Schüler sein Unwesen getrieben?« fragt sie und erhebt anklagend den rechten Zeigefinger. Ich informiere sie im Detail über die siebenhundert Baustellen: in welchen Kirchen Gerüste stehen, welche ganz geschlossen sind, welche Museen ihre Türen geschlossen halten – oft ohne irgendeinen Hinweis, ohne wenigstens ein kleines Schild mit dem Wort *»chiuso«*. (Erst ein paar Wochen später erscheint eine feierliche Tafel, die den Bauherren, den Sponsor, die planenden und ausführenden Gremien und Firmen und die leitenden Herren – es sind so gut wie immer Herren – detailfreudig verzeichnet: Tu Gutes und sprich darüber.) Im Jahr 2000 wird auch der Brunnen fertig sein.

Inzwischen hat Laura ein neues, altes Problem entdeckt.

»Ich frage mich, ob ich eigentlich gebildet genug für Rom bin?«

»Wer ist eigentlich gebildet genug für Rom? Goethe mußte seine klassischen Anspielungen auch gelegentlich in einem Lexikon nachschlagen.«

»Lenk nicht ab. Was nützt es mir, wenn ich lese, daß Kardinal Barberini dies oder jenes gebaut hat? Wann hat er regiert? Was war das für eine Zeit?«

»Du weißt also, daß er später Papst war! Muß ich auch nachschauen, steht im Anhang. Aber er tritt in Brechts ›Galilei‹ auf.«

»Siehst du, genau das meine ich.«

»Die Frage ist falsch gestellt. Bin ich sensibel genug für Rom? Bin ich offen genug für Rom? Traue ich mir zu, meinen eigenen Weg durch Rom zu finden? Oder muß ich durch Rom kriechen, aus Ehrfurcht vor jedem Säulenrest, mit einem Führer unter jedem Arm?«

»Du nimmst das Problem nicht ernst.«

»Ich habe schon drei Tage hinter mir, und drei Nächte mit verdammt wenig Schlaf, in denen ich mich nicht nur gegrämt habe, weil du nicht da bist, sondern auch, weil *ich* zu blöd bin für Rom. Jetzt bin ich geheilt. Vorläufig. Bis du mir eine Frage stellst, die ich nicht beantworten kann.«

»Das ist nicht dasselbe.«

Es ist ein Duett, das wir gerne spielen, mit leichten Variationen. Ich beneide sie um ihren Vater, der die Callas noch singen gehört hat, sie mich um die Geschwindigkeit, mit der ich lese; ich beneide sie darum, daß sie schon als Kleinkind in irgendwelchen Ruinen in Uruk herumspazieren durfte, für sie ist gerade das ein Problem.

Wir steigen an der Cestius-Pyramide aus und gehen ein Stück an der Mauer entlang, bis zu ihrem Ende über dem Tiber, und um den Monte Testaccio herum, mit seinen Touristenkneipen und seiner unglaublichen Auftürmung von antiken Tonscherben von Öl- und Weinkrügen. Der Weg zum Tiber ist durch den ehemaligen Schlachthof verbaut, ein durchaus ansprechendes Gebäude, das manche deutsche Großstadt, stünde es in ihr, mit Steuergeldern zu einer »Kunstfabrik« oder einem »Atelier für junge Künstler« umgestalten würde; in Rom reicht das Geld nicht einmal für die siebenhundert Baustellen zum Jahr 2000, obwohl man nur die prächtigsten Palazzi, die schönsten Kirchen, die bedeutendsten Altertümer für den Hausputz ausgewählt hat.

Eine Baustelle ist auch das uralte Hospital auf der Tiberinsel zwischen Ponte Fabricio und Ponte Cestio samt seiner Kirche; das altehrwürdige Krankenhaus steht leer. Trotz des trostlosen Anblicks, den die Insel zur Zeit bietet, fällt mir plötzlich die Schlange aus Epidauros ein; jeder Romführer vermeldet sie: Die Römer brachten das gottgeweihte Tier wegen einer Pestepidemie nach Rom, aus dem heiligen Hain des Asklépios, im Jahre 293 v. Chr.; sie freute sich, als man sie freisetzte, und verschwand auf der Tiberinsel; seitdem diente die Insel immer wieder auch der Isolierung von ansteckenden Kranken.

Der malerisch verlotterte Hafen Ripa Grande, der auf den Stichen von Benoît und den Aquarellen von Roesler Franz zu sehen ist – oder wäre, wenn das Stadtmuseum nicht gerade umgebaut würde – und an dem früher die Pilger an Land gingen, die zu Schiff kamen, mußte der Tibersanierung weichen. Der zwischen hohen Mauern eingesperrte und so gezähmte Fluß zeigt nach dem starken Regenfall von gestern morgen, wie ihm dieser Zustand mißfällt: er wirkt durchaus, als könne er noch Ärger anrichten; ein vom Hochwasser ausgespülter Baum treibt kopfüber zum Meer, die etwas verwahrlosten Uferwege zu beiden Seiten des Flußbetts, die vorgestern noch begehbar waren, sind überflutet.

Das alte Hospiz San Michele nahe der Piazza Porta Portese mit den schweren Gittern vor den Fenstern, das auch einmal trübe Tage als Besserungsanstalt und Gefängnis gesehen hat, strahlt in frisch restauriertem Glanz. Kein Wunder; dort hat

sich das *Ministero per i Beni Culturali e Ambientali*, also eine jener Zentralen eingenistet, die alle diese Baustellen, diese Gerüste, diese verdeckten Fassaden, diese eingerüsteten Altäre verantworten und deren Arbeit das meiste von dem zu verdanken ist, was in Rom in den letzten Jahrzehnten an Wiederherstellungsarbeit geschehen ist – und das ist, trotz allen Baustellenärgers, bewundernswert. Daß es auch noch andere Bürokratien gibt, die sich mit dieser Frage befassen, und möglicherweise auch mancherlei Kompetenzgerangel, lehrt ein Blick auf die weißen Tafeln an den Kirchen, die gerade im Zustand der Restauration dahindämmern: Da ist, vom Vatikan einmal abgesehen, die *Sopraintendenza per i Beni Artistici e Storici di Roma*, die *Direzione Generale degli Affari dei Culti* beim Innenministerium und natürlich die Stadt Rom. Diese drei Institutionen geben auch die wahrscheinlich beste Dokumentation über den Bestand und die Arbeiten an Roms Kirchen heraus, von Fachleuten verständlich geschrieben, hervorragend bebildert, praktisch in Einzelhefte aufgeteilt, die sich mit den Kirchen in einem Quartier beschäftigen, und das auch noch zu einem Spottpreis (zur Zeit 8000 Lire pro Heft): *Roma Sacra*, die wirklich besten Führer, die man sich zu diesem Thema denken kann, allerdings auf Italienisch.

Ganz nahebei, nicht weit von *Santa Cecilia*, zeigt eine Skulptur Berninis in der Kirche *San Francesco a Ripa*, daß nicht nur Märtyrerinnen den Künstlern des Barock Gelegenheit gaben, die Grenze zwischen irdischer und himmlischer Liebe aufzuheben. »Die selige Ludovica degli Albertoni in Verzückung« nimmt ein Thema auf, das Bernini schon in einer Seitenkapelle von *Santa Maria della Vittoria* mit der »Verzückung der heiligen Theresa von Avila« gestaltet hatte, von der lange in meinem Zimmer ein Foto hing.

Damals setzte mich die Kühnheit, die kompromißlose Modernität in Erstaunen, mit der Bernini sein Thema anging. Für ihn war klar, was noch im Jahrhundert Freuds viele leugneten: daß die psychische Energie, aus der sexuelle Leidenschaft und leidenschaftliche Frömmigkeit, junge Liebe und Kunstschaffen hervorgehen, die gleiche ist, und daß daran nichts ist, dessen sich irgend jemand schämen müßte. Auch Theresa von Avila muß das klar gewesen sein, anders ist die Sprache ihrer Mystik nicht zu erklären.

Und natürlich wußte der Künstler Bernini, daß der körperliche Ausdruck von religiöser Verzückung kein anderer sein konnte als der sexueller Ekstase. Er war keineswegs ein Zyniker: Für ihn drückte der Körper in seiner Mimik, seiner Gebärdensprache eine innere Wirklichkeit aus, auch wenn seine Schöpfungen in ihrem Ausdruck auf den ersten Blick auf manche Beschauer theatralisch wirken.

Das Problem liegt im Politischen. Kunst hatte in Rom seit den Zeiten der römischen Republik immer auch eine politische Seite, und auch im Rom der Päpste war Kunst in erster Linie Kirchenpolitik. Berninis Auftraggebern muß bewußt gewesen sein, welche Aussage Bernini mit diesen beiden Statuen machte; sie müssen diese Aussage verstanden und gebilligt haben. Und weiter: Sie mußten wissen, daß auch die Gläubigen diese Aussage spürten, selbst wenn sie sie nicht in Worte fassen konnten. Sie mußten sogar in Kauf nehmen, daß männliche Kirchenbesucher, die sich in *San Francesco* die Verzückung der seligen Ludovica genauer anschauten, darüber einige Zoten reißen würden. Nahmen sie das in Kauf? Wollten sie das vielleicht sogar?

Die römische Kirchenmusik der Zeit – oder genauer gesagt, ihre Textgrundlage – war scheinbar weit entfernt von solchen Ideen. Liest man das Libretto des Oratoriums *Maddalena ai piedi di Christo*, das der Venezianer Antonio Caldara (1670–1736), wahrscheinlich im Palazzo della Cancellería vor dem Kardinal Ottoboni, aufführen ließ (desselben, der Händel förderte), so scheint erst einmal klar, daß himmlische Liebe (gesungen von einem Altus) und irdische Liebe (Sopran), die sich um die Seele der schönen Sünderin Maria Magdalena (Sopran) streiten, unversöhnliche Gegensätze sind. Aber auch hier: In der entscheidenden Situation, in der die Sünderin sich Jesus (einem strahlenden Tenor) zu Füßen wirft, »erschüttert von seiner Liebe, seinem brennenden Eifer«, tut sie dies als *Liebende*, und die personifizierte himmlische Liebe kommentiert: *»Oh ciel, chi vide mai la penitenza in più gentil sembianza?«* (O Himmel, wer hat je die Buße in anmutigerer Gestalt erblickt?)

Die Musik läßt ohnehin keinen Zweifel daran, daß sie in der Gestalt der Maria Magdalena die Aufhebung des Gegensatzes von himmlischer und irdischer Liebe sieht.

Auch Laura kann nicht so ganz glauben, daß einfach nur »barockes Lebensgefühl« mit seinen »schroffen Gegensätzen« erklärt, was so an Kühnheiten in Rom möglich war. Für sie sieht es fast so aus, als habe den kirchlichen Kulturmäzenen Roms – oder einer Fraktion unter ihnen – eine Abkehr von jener Körperfeindlichkeit vorgeschwebt, die über Jahrtausende die Praxis, wenn auch nicht die Theologie der Kirche bestimmte, als hätten sie die Gläubigen ermuntern wollen, auch ihre erotische Energie in ihre Frömmigkeit einzubringen.

Was die Mystikerin Theresa in der Beschreibung ihrer Vision sagt und Bernini gestaltet hat, möchte Eckart Peterich, der kenntnisreiche Verfasser eines der besten Romführer, nicht gelten lassen – oder er möchte Bernini gegen Unverständige in Schutz nehmen. Er zitiert aus Theresas Werken die Beschreibung ihrer Vision, die Bernini, wie Peterich es formuliert, »nacherzählt« hat, und fügt nach einer lesenswerten Beschreibung des Kunstwerks hinzu: »Nichts ist darum abwegiger, als in dieser ›unio mystica‹ etwas im irdischen Sinne Sinnliches zu sehen oder gar etwas ›Perverses‹ … Vor allem die Franzosen haben ihn gründlich mißverstanden. Charles de Brosse, Zeitgenosse Voltaires, meint: ›Wenn das die himmlische Liebe ist, kenne ich sie auch.‹ Stendhal ruft aus: ›Welche Wollust!‹«

Ich sehe zwischen den beiden Äußerungen einen Unterschied. Was Charles de Brosse von sich gibt, ist ein platter Männerwitz im Stil einer ziemlich platten »Aufklärung«; Stendhal hat in seinen »Wanderungen« in Rom etwas ganz anderes gesagt und gemeint: »Die berühmte Gruppe von Bernini steht in der Cornarokapelle. Das

Altertum hat nichts Vergleichbares hervorgebracht; die alte Kunst hat niemals seelische Wollust dargestellt.«

Die »Begriffssprache der Liebe«, von der Peterich spricht, als habe Theresa, und nach ihm Bernini, sie rein instrumentell verwendet, um das Unsagbare einer Vision auszudrücken, hat sich in Literatur und Kunst erst im Spätmittelalter entwickelt. In der »devotio moderna«, in der sich die Frömmigkeit allmählich aus den Banden des bloßen Zeremoniells löste, konnte sich erstmals die Beziehung zwischen den Menschen und Gott als etwas »Persönliches« darstellen.

Es bildete sich eine »Begriffssprache der Liebe« heraus, die deshalb in der Antike nicht möglich gewesen wäre, weil das Grundkonzept des europäischen Liebesideals von der christlichen Vorstellung geprägt ist, daß jede irdische Liebe (und sei sie eine sündige – wie in Maria Magdalenas Vorleben) ein Abglanz der göttlichen Liebe ist. Die Begründung für diese Vorstellung, wie sie sich in der Dichtung vielleicht am schönsten in dem dialogischen Sonett Shakespeares ausdrückt, mit dem Romeo und Julia sich begegnen, hat der vielgelästerte Papst Johannes Paul II., zweifellos ein »strenggläubiger Katholik«, in seiner Predigt zur Eröffnung der restaurierten Sixtinischen Kapelle am 8. April 1994 sehr einfach ausgedrückt – er hatte schließlich Michelangelo gegen seine frommen Kritiker zu verteidigen, auch heute noch. Ist es nicht eine Blasphemie, fragt er, wie dieser Künstler den unsichtbaren Gott im Bild des Menschen darzustellen? Es ist kühn, antwortet er, aber es ist dem biblischen Bericht von der Schöpfung des Menschen (Gott schuf die Menschen nach seinem Bild als Mann und Weib) und dem Mysterium der Menschwerdung Christi angemessen:

»Die Sixtinische Kapelle ist sozusagen das Heiligtum der Theologie des menschlichen Körpers. Indem sie Zeugnis ablegt von der Schönheit des von Gott als Mann und Frau geschaffenen Menschen, drückt sie gewissermaßen die Hoffnung einer durch die Auferstehung Christi verwandelten Welt aus …« Und im Anschluß verweist er folgerichtig auf die Mystik.

Wer sich nicht darauf einlassen kann, daß auch das »gut katholisch« ist, neben Leibfeindlichkeit und rigider Sexualmoral, wird zur kirchlichen Kunst Roms keinen Zugang finden.

Nach einem wirren Zickzackgang durch die Gäßchen und Winkel von Trastevere wird uns wieder einmal klar, daß wir keine Chancen haben, dieses Viertel auch nur annähernd kennenzulernen, das bei jedem Besuch immer wieder eine neue Seite bietet. Allein für Trastevere würden wir Wochen brauchen. Und für heute begnügen wir uns mit einem Besuch von *Santa Maria in Trastevere*, bevor wir zum Gianicolo aufsteigen.

Ich habe mir verschiedene, sehr persönliche Wege für den Umgang mit Werken der Kunst erarbeitet, und im Zusammenleben mit Laura sind noch einige hinzugekommen, denn zu zweit wird Kunst anders erfahren. Einer davon ist das ›Immer-wieder-kommen‹. Er hat wahrscheinlich etwas damit zu tun, daß jenes Gebäude, das für mich zum erstenmal Kunst verkörperte, und bei dem ich das Geheimnis der Kunst zum erstenmal spürte, etwa zwanzig Kilometer von meinem Heimatort entfernt war, und das hieß in meiner Kindheit, vier Stunden zu Fuß oder anderthalb Stunden mit dem Fahrrad: eine frühgotische Zisterzienserabtei. Stundenlang in stummer Betrachtung verharren ging nicht, hätte wohl auch Befremden erzeugt. Wollte ich also das Gefühl wiedererleben, das mich beim erstenmal überwältigt hatte, mußte ich wieder und wieder zu dieser Abtei pilgern. Und erst vor einigen Jahren entdeckte ich, daß ich in Ausstellungen das gleiche mache. Ich werde von etwas angerührt und betrachte es und gehe schließlich weiter, aber es zieht mich immer wieder, gegen den Strom der Besucher, magisch an die gleiche Stelle zurück, manchmal zum Befremden von mißtrauischen Saalwächtern oder Galeriebesitzern. Meine Freundschaft mit Christina, der Malerin, beruht nicht zuletzt darauf, daß sie diesen Umgang (»sich an das Bild immer wieder anschleichen wie ein Tiger«) als meinen Weg akzeptiert.

Eine spezielle Variante davon ist das »Guten-Tag-Sagen«: Ich bin für eine Woche in einer bestimmten Stadt und nutze jeden, aber auch jeden Vorwand, an bestimmten Stellen »vorbeizuschauen«. Wem eigentlich sage ich da guten Tag: der Quellnymphe des Brunnens auf der Piazza Rotonda, der heiligen Theresa, oder, sagen wir: dem Elefanten Berninis auf der Piazza della Minerva? Es ist eine Form von Vertraulichkeit, die Staunen und Ergriffenheit nicht ausschließt, also auch Distanz hält, und die ich manchmal auch gegenüber Musikern oder Sängern empfinde, in deren Konzerten ich oft gewesen bin.

Was also ist an *Santa Maria in Trastevere*, das mich immer wieder zu ihr hinzieht? Die Schönheit des Platzes und des Brunnens von Carlo Fontana? Die merkwürdige Geschichte von der Ölquelle, die im Jahre 38 v. Chr. (oder, wie die Legende behauptet, am Tag von Christi Geburt) aus dem Boden sprang und nach der immer noch eine kleine Straße benannt ist, die vom Platz abgeht, die Via della Fonte d'Olio? Die Tatsache, daß diese Kirche eine der ältesten Roms ist und seit dem frühen Mittelalter kaum noch verändert wurde, so daß der Eindruck des Kircheninneren dem ursprünglichen wohl sehr nahekommt? Das Fassadenmosaik oder die herrlichen Mosaiken im Chor? Fontanas Portikus von 1702, der auf eine unnachahmliche Weise antike Reste, Grabtafeln und Bruchstücke von Fresken in ein Ensemble einbindet? Die Verbindung von alltäglicher Lebenswelt und architektonischer Gestaltung, die hier selbstverständlicher, weniger theatralisch wirkt als, sagen wir, an der Piazza Navona? Letzten Endes kann ich nicht sagen, wenn ich nicht zu esoterischen Erklärungsmustern greifen will, warum das Pantheon oder *Santa Maria in Trastevere* eine Ruhe ausstrahlen, die andere Tempel, Kirchen oder Plätze, so schön sie auch sind, mir nicht geben können.

Rom wäre nicht Rom, wenn der Zugang zum Gianicolo nicht eine laute Autostraße wäre, die nach Garibaldi benannt ist. Aber immerhin führt auch ein wunderschöner Fußweg nach oben, der die Autostraße nur an der Aqua Paola kreuzt. Und unterwegs hätten wir Gelegenheit, die Kirche *San Pietro in Montorio*, Bramantes

Rundtempelchen und die Spanische Akademie zu sehen, wäre die Kirche nicht zur Mittagszeit geschlossen.

Dafür erspäht Laura ein wenig später (und höher den Berg hinauf, direkt gegenüber der American Academy) ein Schaf, in einem kleinen Park, im gleichen modisch gedeckten Grau, das uns auch die Klamottenläden im Borgo oder nahe dem Campo dei Fiori in ihren Schaufenstern zeigen, kein lebendiges zwar, sondern ein Kunstwerk. Es stellt »Dolly II« dar, wie die Inschrift verrät, das Pionierschaf der Gentechnik, die Laika des heraufdämmernden Klon-Zeitalters; ein bißchen ungelenk steht es im Gras, erhobenen Hauptes zwar, aber doch nicht glücklich, ganz ungleich hierin seinem geklonten Modell, das uns aus Presse und Fernsehen mit jenem ›Na-Und‹-Blick entgegengrinste, den wir von Raumfahrern und Nobelpreisträgern für Physik kennen. Zwischen anderen, weniger schlagzeilenfähigen Kunstwerken, ebenfalls in bläulichem Grau, behauptet es seinen Platz in der strahlenden römischen Herbstsonne, im satten Grün des Parks. Kein Romführer wird je von ihm künden, auch im New Yorker Museum of Modern Art oder in der Villa Borghese wird es wohl nicht landen. Aber für ein paar Wochen oder Monate wird das Kunstschaf Teil jenes Universums des Schönen sein, in das Jahr für Jahr hoffnungsvolle Stipendiaten entsandt werden, um eine Liaison mit einer der neun Musen anzuknüpfen. Und wir können sagen, wir sind dabeigewesen und können es bezeugen.

Die Flegeljahre des neuen Rom: Garibaldi und Pius IX.

»Wieviel Divisionen hat der Papst?«

J. W. Stalin, 1942

»Wie wir heute wissen, war die Frage Stalins falsch gestellt.«

Egon Krenz, 1998 im italienischen Fernsehen

So hoch über dem Petersdom, so nahe dem Vatikan: ein Piazzale Garibaldi mit der kurz vor der Jahrhundertwende entstandenen Reiterstatue des Volkshelden, dessen Name für das »Risorgimento« steht, die »Wiedergeburt« des italienischen Volkes im 19. Jahrhundert, seinen Kampf um Unabhängigkeit von Fremdherrschaft, um nationale Einheit, demokratische Rechte und ein menschenwürdiges Leben. Nicht alle, die »Risorgimento« sagten, waren der Meinung, daß man diese Ziele nur im Paket erreichen könne, und so kam es dann auch: In der Realität des neuen Italien nach 1870 gab es mehr (scheinbare) Einheit als demokratische Rechte, mehr Korruption und Patronatswirtschaft als soziale Gerechtigkeit. Der schwärmerische Idealist Mazzini hatte für republikanische Prinzipientreue und gescheiterte Aufstände gesorgt, die das Feuer schürten. Der pittoreske Kämpfer Garibaldi mit den großen Gesten und seine Freiwilligen hatten die Kohlen aus dem Feuer geholt und die versteinerten Verhältnisse zum Tanzen gebracht. Der steife, dickliche Kabinettspolitiker Cavour, den man bei uns früher den »italienischen Bismarck« zu nennen pflegte, hatte die Erfolge für sein Königshaus kassiert und die oberen Zehntausend auf seine Seite gebracht. An den Folgen krankt Italien bis heute, und Rom ist in vieler Hinsicht ein Spiegel dieses mißratenen Risorgimento, bis hin zum monströsen »Altar des Vaterlandes« aus schneeweißem carrarischem Marmor, den man leider auch von hier aus sieht.

Wenn Garibaldi schon im »Königreich Italien« nichts zu sagen hatte, so eignete er sich zweifellos besser dazu, das Andenken des Risorgimento auf Denkmälern und in den Namen von Straßen und Plätzen wachzuhalten, als Mazzini und Cavour. Und dank seinem ungebremsten Antiklerikalismus, dem er in Romanen wie »Clelia oder die Mönchsherrschaft« Ausdruck verlieh, erwies er sich auch als beeindruckende Vogelscheuche für die antivatikanische Stadtplanung zwischen 1870 und dem Ersten Weltkrieg. So blickt er denn hoch zu Roß, umgeben von den Büsten seiner Mitstreiter, grimmig zum Petersdom hinunter, und täglich um Mittag, so behaupten jedenfalls die Romführer, wird ein Schuß abgefeuert. Es handelt sich zweifellos um eine Drohgebärde, und die Sache wird noch schlimmer, wenn man unter den Bäumen weiter nördlich entdeckt, daß auch seine Lebensgefährtin Anita als Reiterdenkmal über dem heiligen Stuhl dräut, mit der Pistole in der Hand, und, was weit schlimmer ist, sie war zwar eine verheiratete Frau, aber eben nicht mit *Scarpone*, dem »großen Stiefel«, wie Garibaldi von seinen Anhängern liebevoll genannt wurde. Johannes Paul II. wird das wohl nicht mehr ernsthaft provozieren; denn heute ist der Garibaldiplatz weniger ein politisches Symbol als ein beliebter Volkspark mit Imbißständen und spielenden Kindern und – einer der schönsten Aussichtspunkte der Stadt.

In der großen europäischen Revolution von 1848 war das ganz anders gewesen: Garibaldi und Anita lehrten den Papst und seinen Hofstaat das Fürchten, doch Anita kostete die Revolution schließlich das Leben.

»Wie ging das zu?« fragt Laura, während wir, auf einer Bank sitzend, auf das »ewige Rom« von oben schauen, an dem, genau betrachtet, eben nichts ewig war außer den Baustellen.

»Ja, die Restauration nach 1815 war in Rom besonders schlimm. Und am schlimmsten war es unter Gregor XVI. Er erfreute die Welt 1832 durch eine Enzyklika, in der er gegen die ›abgeschmackte und irrige Vorstellung von der Gewissensfreiheit‹ wetterte, gegen die ›abscheuliche und nie genug zu verwünschende Freiheit der Presse, gegen den Protestantismus, den Vater der Revolutionen, und gegen die moderne Wissenschaft, die Mutter des Unglaubens‹. Seine Einstellung zu Neuerungen läßt sich am besten dadurch charakterisieren, daß er den Bau von Eisenbahnen verbot, weil sie der Religion schaden würden; er verballhornte das französische Wort *chemins de fer* (Eisenbahnen) zu *chemins d'enfer* (Höllenbahnen). Als er 1846 starb, soll er gesagt haben: ›Bald werden Revolutionen ausbrechen.‹ Damit zumindest hatte er recht.

Sein Nachfolger, Pius IX., war zwar etwas intelligenter und sympathischer und stammte aus einer liberalen Familie; sein Bruder hatte sogar bei der Revolution von 1831 mitgemacht. Er gefiel den Römern erst einmal ganz gut. Pius setzte die Prozesse gegen politische Gegner aus, erließ eine allgemeine Amnestie und trat für einen italienischen Zollverein ein. Aber seine erste Enzyklika von 1846 lehnte schroff jeden Modernismus ab, und die ihm angetragene Führerschaft bei der nationalen Einigung wies er zurück.

Im März 1848 ›gewährte‹ er dem Kirchenstaat trotzdem eine Verfassung und ernannte liberale Minister, wenn auch nicht ganz freiwillig, denn in Mailand, Florenz, Venedig, Neapel und sogar in Sizilien waren schon revolutionäre Unruhen ausgebrochen, und in Rom gärte es: Eine Volksmenge hatte sich vor dem Quirinal, damals noch der päpstliche Regierungssitz, zusammengerottet und die Absetzung der geistlichen Minister verlangt.

Aber einen Monat später distanzierte der Papst sich feierlich vom Risorgimento. Seine Popularität beim Volk war dahin. Und im September, als im Norden schon die Österreicher gesiegt hatten, ernannte er einen ausgesprochen undurchsichtigen

Minister. Dieser Minister, ein gewisser Rossi, war ziemlich verhaßt und wurde Mitte November im Palazzo della Cancellaria ermordet. Am nächsten Tag brach in Rom ernsthaft die Revolution aus. Pius IX. floh nach Neapel und verlangte, dort angekommen, von den Rebellen zu kapitulieren. Die Forderung nach Wahl einer verfassunggebenden Versammlung in freien und geheimen Wahlen bezeichnete er als Hochverrat und drohte allen Wählern mit Exkommunikation.

Die Wahlen fanden aber doch statt, denn Rom war nun erst einmal in der Hand der Revolutionäre, und im Februar 1849, als es überall sonst in Europa schon ziemlich schlecht um die Revolution stand, proklamierte die gewählte Versammlung die Römische Republik. Das politische Programm war durchaus gemäßigt: Es sollte keinen Klassenkampf, keine Mißgunst gegen bestehenden Reichtum, keine unrechtmäßige Verletzung von Privateigentum geben; statt dessen wollte man sich bemühen, die Lebensbedingungen der ärmsten Bevölkerungsschichten zu verbessern. Auch kam es kaum zu Störungen der öffentlichen Ordnung.

Der Papst sah das anders, er sprach von einer Herrschaft der Halsabschneider und rief die Herrscher Europas auf, ihm zu helfen. Ein neapolitanisches und ein österreichisches Heer marschierten auf Rom zu. Am schlimmsten war aber doch, daß der aus der achtundvierziger Revolution in Frankreich hervorgegangene Präsident Louis Napoléon, der als junger Mann 1831 selbst in einem italienischen Freikorps gegen die österreichische Fremdherrschaft gekämpft hatte, eine Armee schickte, um den französischen Klerikalen zu gefallen. Ende März wurde eine Notstandsregierung in Rom gewählt, natürlich mit einem römischen Namen, ein ›Triumvirat‹, zu dem auch Mazzini gehörte, den die Bevölkerung verehrte; aber ein Feldherr war er nicht, und seine Truppen waren auch nicht besonders überzeugend; sie bestanden hauptsächlich aus der früheren päpstlichen Armee und ungeübten Freiwilligen.

Doch am 27. April ritt Garibaldi mit seinem Freikorps unter dem Jubel der Bevölkerung in Rom ein. Die Offiziere der regulären römischen Armee schlugen die

Hände über dem Kopf zusammen: Diese Leute, die sich ein Jahr vorher in Norditalien so wacker geschlagen hatten, sahen ja aus wie Strolche! Und ein in Rom lebender Engländer bemerkte, das sei ein ›Haufen von Briganten‹. Die Massen sahen das anders. Die Verteidiger faßten wieder Mut. Viele Menschen, sogar Ausländer, meldeten sich freiwillig zur Verteidigung der Stadt. Die Stimmung war fast ausgelassen. Die Befestigungsarbeiten gingen zügig voran, Lazarette wurden eingerichtet, Bürgermilizen organisiert. Es war das zweitletzte Mal, daß die uralten Stadtmauern ihre militärische Funktion ausübten.

Der französische General Oudinot rückte von Civitavecchia aus mit 15 000 Mann auf Rom vor und verlangte die Öffnung der Stadt. Die Römer lehnten ab. Garibaldi war zwar eher ein begabter Guerillaführer als ein Feldherr, aber er sah doch, daß Trastevere und der Gianicolo, der ihm vom Kriegsminister als Verteidigungsabschnitt zugewiesen worden war, der wunde Punkt in der Stadtverteidigung waren. Die päpstlichen Mauern waren zwar in Ordnung und für Geschütze viel besser geeignet als die alten aurelianischen auf der östlichen Tiberseite, aber das Gelände war sehr ungünstig. Die Mauern lehnten sich nicht an natürliche Erhebungen an, sondern im Gegenteil: Der Boden stieg stadtauswärts an und lag an einigen Stellen höher als die Mauern. Die Franzosen würden also versuchen, von den Anhöhen herunter die Porta San Pancrazio, die ins Stadtviertel Trastevere führte, unter Artilleriefeuer zu nehmen und dann zu stürmen. Vor allem die Villa Corsini und die Villa Pamphili, die außerhalb der Stadtmauern lagen, waren für die Verteidigung wichtig.

Oudinot hatte nur die Hälfte seiner Truppen ausgeschickt, er rechnete nicht mit ernsthaftem Widerstand. Aber an der Porta Pertusa wurden seine Soldaten von den schlecht bewaffneten Milizen, die hauptsächlich aus den Armutsvierteln von Trastevere stammten, vor den Mauern blutig zurückgeschlagen. In diesem Augenblick ließ Garibaldi durch Freiwillige angreifen, und als diese in Bedrängnis kamen, griff er selbst mit seinem Freikorps und regulären Truppen ein. Die Franzosen ließen 500 Gefallene und Schwerverwundete auf dem Platz und zogen sich nach Castel di Guido zurück; außerdem waren noch einmal die gleiche Anzahl von französischen Soldaten in Gefangenschaft geraten. Rom feierte, und Garibaldi wollte den geschlagenen Gegner verfolgen, aber Mazzini setzte eher auf Verhandlungen, und Oudinot, den Louis Napoléon ordentlich zusammengestaucht hatte, weil die ›Ehre der französischen Armee verletzt war‹, ging auf einen Waffenstillstand ein und wartete auf Verstärkung. Unter Garibaldis Führung schlug die Armee der Römischen Republik die neapolitanische Armee im Mai zweimal und trieb sie über die Grenze zurück; aber schließlich kam es doch, wie es kommen mußte. Oudinot überfiel Anfang Juni unter Bruch des Waffenstillstands die Villen Corsini und Pamphili, während die Römer gerade ausgelassen Peter und Paul feierten, und konnte sie nach blutigen Kämpfen halten; das war der Anfang vom Ende. In der Nacht zum 1. Juli stürmten die Franzosen, nachdem ihre Artillerie eine Bresche in die Mauer geschossen hatte, die Porta San Pancrazio. Garibaldi hielt noch einmal eine flammende Ansprache an die Deputierten, sammelte die letzten dreitausend Verteidiger um sich und hielt die berühmte Rede: »Wer bereit ist, mir zu folgen, den nehme ich auf. Es wird keinen Sold, keine Verpflegung und keine Ruhepausen geben. Was ich zu bieten habe, sind Hunger, Kälte, Gewaltmärsche, Schlachten und Tod.« Und noch etwas anderes soll er gesagt haben: *»Ovunque noi saremo, sarà Roma«* – Wo immer wir sein werden, wird Rom sein. Die Truppe, die sich um ihn scharte, war zweifellos noch buntscheckiger als bei Garibaldis Einzug. Auch Anita war dabei; sie stammte aus Brasilien und sah, wie die Zeitgenossen fanden, indianisch aus. Ein großer Teil der Truppe konnte sich nach Norden in die Republik San Marino durchschlagen, Garibaldi ging wieder nach Amerika, Anita, die schwanger war, starb unterwegs.

Oudinots Truppen wurden von der Bevölkerung ziemlich unfreundlich empfangen, benahmen sich aber vergleichsweise anständig. Louis Napoléon hatte das wohl angeordnet, um die Liberalen in Frankreich nicht zu vergrätzen; schließlich wollte er beide Parteien zufriedenstellen, die Klerikalen *und* die Liberalen. Der Papst schickte erst einmal drei Kardinäle, die eine Art Inquisitionsgericht bildeten, und Louis Napoléon mußte Pius IX. in seine Schranken weisen. Erst im April 1850 kehrte Pius IX. zurück. Seine Lage war nicht die beste. Den nördlichen Teil des Kirchenstaates hatten ihm die Österreicher, das Gebiet um Rom die Franzosen zurückerobert. Seine weltliche Macht ruhte nur noch auf Bajonetten. Sie hielt auch nicht mehr lange. Pius IX. mochte im Gegensatz zu seinem Vorgänger sich endlich im Glanz einer vatikanischen Eisenbahn und eines Bahnhofs an der Stelle des heutigen Termini sonnen und sich von den Ausländern wegen seines Interesses für die Ausgrabungen bewundern lassen; aber seine Tage als weltlicher Herrscher waren gezählt. In den Kriegen von 1859 bis 1866 wurde Italien geeint, wieder unter kräftiger Beteiligung Garibaldis, der 1860 mit seinen Freischaren Sizilien und Neapel eroberte, und 1864 war vom Kirchenstaat nur noch der kleine Rest um Rom übrig. Drei Jahre später versuchte der nimmermüde Garibaldi noch einmal, in den restlichen Kirchenstaat vorzudringen; militärisch ging das Unternehmen daneben, politisch war es erfolgreich, weil wieder jeder sehen konnte, daß nur die französische Garnison den Papst rettete.

Pius IX. schwang die geistlichen Waffen. In seiner Enzyklika von 1864 verurteilte er den Liberalismus, und 1870, noch bevor die französischen Truppen endgültig abzogen, verkündete er das Dogma von der päpstlichen Unfehlbarkeit.

Zwei Monate später, als die Bersaglieri durch die Mauerbresche in der Porta Pia stürmten, ließ er die weiße Flagge auf dem Petersdom hissen. Den Römern blieb er aber bis 1878 als selbsternannter ›Gefangener im Vatikan‹ erhalten und machte ihnen ein schlechtes Gewissen, wenn sie sich am politischen Leben beteiligten. Und Garibaldi? Der saß als Abgeordneter im Parlament, geehrt, aber nicht besonders einflußreich, und hielt flammende Reden für die Regulierung des Tibers und die Ent-

sumpfung der malariaverseuchten Campagna. Er starb vier Jahre später als der Papst. Na ja, so ungefähr war es, und deshalb sitzen wir jetzt auf dem Gianiculo und genießen die Aussicht.«

»Das heißt faktisch, wir sitzen hier ganz bequem über einem Schlachtfeld, und rundherum sind einige Tausende gefallen, für die gute oder die weniger gute Sache. Garibaldi hat wenigstens ein Denkmal bekommen. Und Anita auch, wie man zugeben muß. Jedenfalls war es eine schöne Geschichte, fast ein bißchen wie ein Hollywoodfilm: zugespitzt auf das Duell zweier harter Männer und das historische Drama, das sich um einen Hügel herum abspielte.«

»Ja, ich wollte dich beeindrucken, endlich mal wie ein richtiger Cicerone auftreten, einer von diesen Führern, die ich seit Tagen erlebe, die den Touristen vor jeder Kirche, jedem Brunnen eine dramatische Geschichte erzählen. Wie Clemens VII. im Jahre 1527 weinte, als er von den Zinnen der Engelsburg, in die er sich geflüchtet hatte, den Rauch von der Villa Madama aufsteigen sah, den die Söldner Karls V. beim Sacco di Roma gerade angezündet hatten. Bloß, daß man von der Engelsburg aus diese Villa gar nicht sehen konnte! Oder wie an der Piazza Navona Bernini, der Künstler der Fonte dei Fiumi, und Borromini, der Schöpfer der Fassade von *Sant' Agnese in Agone*, sich gegenseitig in ihrer Kunst den Vogel zeigten; nur, daß die Sache zeitlich nicht ganz hinhaut! Oder wie Michelangelo ... Also habe ich dir auch eine Geschichte erzählt.«

»Und nicht gelogen? Bei dir weiß ich nie. Du hast so eine blühende Phantasie.«

»Nicht gelogen, Ehrenwort, nur eben – die Version für einen Breitwandfilm. Aber die saftigsten Anekdoten habe ich doch weggelassen. Die mit dem verprügelten Priester. Und die mit Garibaldis zweiter Frau, die ihn schon vor der Hochzeit betrog.«

Lauras Lächeln soll mir zeigen, daß sie mir irgendwie auf die Schliche gekommen ist.

»Du lenkst ab. Denn irgendwie kommt mir die Geschichte doch bekannt vor: Der Gründungsmythos einer Stadt, zwei feindliche Brüder im Streit – Romulus und Remus …«

»Du hast recht, es gibt gewisse Wiederholungszwänge in der Geschichte Roms, für die Vergil mit seinem Epos vom mythischen Gründervater Aeneas das Drehbuch geschrieben hat.«

Vom Gianicolo aus läßt sich – an diesem klaren Tag – sehr deutlich sehen, was in den Straßenschluchten verborgen bleibt: daß Rom von Bergen umgeben ist; daß die monumentalen Heiligenstatuen auf der Fassade von *San Giovanni in Laterano* ein wenig unproportioniert wirken, wenn man sie nicht von unten sieht; daß *Santa Maria Maggiore* tatsächlich wohl nicht nur die größte Marienkirche der Welt ist, wie immer behauptet wird, und damit ihren Namen zu Recht trägt, sondern auch die höchstgelegene Kirche Roms; und daß für die Besucher der Stadt vor 1870 es tatsächlich so aussehen mußte, als gebe es ein bewohntes Rom nach Menschenmaß, links vom Marcellus-Theater, und ein unbewohntes, antikes, das noch in seinen Ruinen von der Übergröße der Alten zeugte. Mit Hilfe eines alten Stiches, der hinter Acrylglas als Orientierungshilfe aufgestellt ist, lassen sich die Kuppeln der zahlreichen Kirchen identifizieren. Der Vatikan hingegen läßt sich nur mit etwas Mühe sehen, und das ist natürlich Absicht, wie wir erst später merken werden, als wir durch das Gründerzeitviertel der Prati nördlich des Vatikans gehen; dort ist der Petersdom tatsächlich von keiner Stelle aus sichtbar. So wie die noblen Familien des päpstlichen Adels nach 1870 den König im Quirinal ignorierten, so ignorierte die Stadtplanung den Vatikan.

Auch die Romliebhaber in der ausländischen Kolonie der neuen Hauptstadt waren nicht durchweg begeistert. Der Historiker des mittelalterlichen Rom, Ferdinand Gregorovius, schrieb schon am 20. September 1870 in sein Tagebuch: »Rom wird die weltrepublikanische Luft einbüßen, die ich hier achtzehn Jahre lang geatmet habe. Es sinkt herab zur Hauptstadt der Italiener … Ja, dies Rom ist ganz entzaubert worden.« Und wenige Monate später: »Rom ist ein übertünchtes Grab geworden.«

Das scheint nun, von heute gesehen, ein wenig übertrieben. Freilich gibt es auch in Rom sichtbares Elend am Rande des Reichtums; Menschen, die kein Dach über dem Kopf, keine warme Kleidung in den kalten Nächten, kein regelmäßiges Essen, keine ärztliche Versorgung und oft nicht einmal ein Aufenthaltsrecht haben. Das war zur Zeit der Päpste so, und es ist heute, unter einer linken Stadtregierung, nicht anders.

Rom und die Vandalen

Eine tollgewordene Spekulantenbande, eine rasende Kamarilla von Großverdienern ist dabei, Rom dem Chaos zu überliefern. Die Vandalen kommen diesmal nicht aus dem Norden; Italien gebiert sie aus sich selbst. *Alfred Andersch, 1966*

Die Geschichte ist bekannt, und jeder Romführer erzählt sie noch einmal: Dieses Germanenvolk plünderte 455 unter seinem König Geiserich das immer noch reiche, wenn auch nicht mehr mächtige Rom. Auch die Westgoten unter Alarich hatten der Stadt im Jahre 410 schon einen ähnlich besitzergreifenden Besuch abgestattet. Und der Versuch des im »neuen Rom« Konstantinopel residierenden oströmischen Kaisers Justinian, Rom den Ostgoten zu entreißen, führte im 6. Jahrhundert zu weiteren Verwüstungen. Danach hatte Rom nur noch etwa 30000 Einwohner.

Aber weder den West- noch den Ostgoten widerfuhr die Ehre, als sprichwörtliche Romverwüster in die europäischen Sprachen einzugehen. Wer in Zukunft die Hauptstadt plünderte, war ein Vandale. Boshafte Sprüche dieser Art kursierten sogar über bauwütige Päpste, die antike Ruinen plünderten, um ihre neuen Palazzi und Kirchen zu schmücken. Was lag also näher, die Gründerjahre Roms nach 1870 in diesem Licht zu sehen?

Was immer man Pius IX. vorwerfen mag; er hatte einiges restauriert, zwei Stadtviertel saniert, aber wenig gebaut und deshalb auch wenig zerstört. Jetzt wurde das anders. Die Verwaltung des neuen Staates mußte untergebracht werden. Die Regierung beschlagnahmte ein paar Klöster und forderte 40000 weitere Räume an. Die entstehende Spekulations- und Bauwelle richtete Schäden an, an denen Rom bis heute leidet.

Ein gewisser Augustus Hare, Verfasser eines Buches namens »Walks in Rome«, schrieb 1871: »Die Abwesenheit der Kardinäle, der Mönche und des Papstes, die Schließung der Klöster und Stifte; der Wegfall des Zeremoniells; die durch hohe Steuern und Wehrpflicht verursachte Not; das freiwillige Exil der Borghese und vieler Adelsfamilien; der Abriß der herrlichen Villa Borgoni und die Zerstörung so vieler anderer Sehenswürdigkeiten; die häßlichen neuen Straßen nach dem Vorbild von Paris und New York, all das sind Kratzer auf dem bisherigen Rombild.« Und ein paar Jahre später: »Zwölf Jahre sardinischer Herrschaft haben der Schönheit Roms ... mehr Schaden zugefügt als die Einfälle der Goten und Vandalen.«

Um gerecht zu sein, muß man sagen, daß auch die Verlierer mitmischten. Einer der wichtigsten Spekulanten war Monsignore François-Xavier de Mérode. Als Kriegsminister des Papstes hatte er das Gebiet zwischen Termini und Quirinal rechtzeitig aufgekauft, ob auf eigene Rechnung oder mit dem Segen des Vatikans, entzieht sich meiner Kenntnis. Und wie ein Mitglied der Stadtverwaltung sich damals beklagte, verlangte er von den römischen Kommunalbehörden praktisch, dieses Gebiet auf Kosten des Steuerzahlers als Bauland zu erschließen. Und so geschah es auch. Die Via Nazionale, die der Bus 64 auf seinem symbolischen Weg von Termini zum Vatikan durchfährt, hieß zunächst Via Mérode. Wir haben sie schon kennengelernt.

Aber erst einmal klettern wir, vorbei an einem Leuchtturm, der abends die italienischen Landesfarben ausstrahlt (ein Geschenk von nostalgischen Italo-Argentiniern), und einer Kinderklinik auf einem steilen Pfad vom Gianicolo hinunter zum Heiligen Stuhl.

Aus der Kirche des Hospitals von *Santo Spirito in Sassia* dringt himmlische Musik, und wir lassen uns von unserem Weg zum Petersdom ablenken. Eine zahlreiche

Schar von Gläubigen drängt sich hinter einer jungen Nonne mit einer verwegenen Haube, die mich an den Schutzhelm eines Rennfahrers erinnert. Sie singt, zu einem Seitenaltar gewendet, immer den gleichen Satz in ein Mikrophon: *della sua dolorosa passione* – oder so hört es sich jedenfalls an, in immer der gleichen – oder nur fast gleichen? – Melodie, und die Gläubigen antworten, was ich nicht verstehen kann; manche breiten die Arme aus und blicken verzückt zur Kirchendecke. Das Ganze hat das Flair einer Erweckungsgemeinde im *Bible Belt* oder eines Gospel-Gottesdienstes in den Südstaaten der USA, das man in einer katholischen Kirche Roms nicht suchen würde; aber natürlich hat es diese Art von Frömmigkeit, wenn auch sorgfältig kanalisiert durch den Klerus, immer gegeben. Wir können den Gläubigen nicht ansehen, aus welchem Land sie kommen. Pilger aus Polen? Jedenfalls hat die Nonne eine wunderschöne Stimme, und auch ohne Mikrophon könnte die heilige Cäcilia sie vernehmen und zu dieser *minimal music*, wie Laura das nennt, wohlwollend lächeln. Wir sind uns einig: Wo man so schön singt, kann die Welt nicht *nur* ein Jammertal sein.

Jetzt stehen wir also vor Sankt Peter, und Laura ruft aus: »Du hast mich beschwindelt! Es ist gar kein Baströckchen; es ist ein Tüllröckchen. Die zarte weiße Haut der Fassade schimmert ja durch.« Tatsächlich, es ist ein Tüllröckchen; auch bei seiner Baustelle mag der Vatikan auf einen Hauch von Erotik nicht verzichten.

Wenn schon die »Straße der Versöhnung«, die auf die Peterskirche zuführt, und die Gebäude, die sie rechts und links säumen, ein monströses städtebauliches Ensemble bilden (schließlich sind seine Urheber Mussolini und die beiden Päpste, die in diesem Jahrhundert den Namen Pius trugen) – was soll man zur Gestaltung des Petersplatzes mit seinen Plastikstühlen und seinem grotesken Baldachin sagen? Natürlich, die Pilger, oft alt und gebrechlich, wie die alte Nonne, die vor uns her geht und ihr Klappstühlchen in einem Rucksack mit sich trägt, sie können nicht stundenlang stehen, und wir wollen auch nicht, daß der Heilige Vater im Regen ausharren

muß. Aber wenn die Via della Conciliazione monströs ist, so ist die Gestaltung des Petersplatzes mickrig; mindestens sollte man den Plan seinem Architekten um die Ohren hauen.

Deshalb gehen wir doch lieber durch Berninis Kolonnaden, die uns liebevoll aufnehmen wie Arme, zur Kirche, unter deren Portikus livrierte Angestellte den Verkehr regeln: rechts rein, links raus. Mein Rucksack ist attentatsverdächtig, also: abgeben. Vor ein paar Tagen ging er noch durch. Der Andrang ist heute eher noch größer, der Ton dementsprechend rüder.

Aber ich habe mir nun einmal in den Kopf gesetzt, der Pietà Michelangelos Guten Tag zur sagen – es ist ja wohl die Madonna, von deren »schmerzhaftem Leiden« in San Spirito die Rede war –, und heute wirkt der Innenraum der Basilika ganz anders auf mich als beim letzten Mal. Aus der marmornen Kühle des Raums, der einmal ein Zentralbau sein sollte und dann doch zur Basilikaform zurückkehrte, schwingt sich der Altarbaldachin zu jubelnden Höhen empor, hoch wie die Fassade eines Palazzo, und verweist auf die Kuppel, die diese himmelstürmende Bewegung noch einmal verdoppelt, und gleichzeitig auf die Krypta, in der das Petrusgrab zu ahnen ist. Zwischen Tiefe und Höhe entsteht so die Achse einer spiralförmig kreisenden Bewegung, ein Austausch von Energien, wie im Zentrum eines Taifuns, der mir die ganze Sehnsucht der Menschheit nach einer besseren Welt auszudrücken scheint. Meine eigene Assoziation an einen eleganten Hauptbahnhof – andere sprechen, und meinen wohl das gleiche, von einem Stadion – löst sich für einen Moment auf, während gleichzeitig Laura, ohne daß ich je mit ihr über meine Erfahrung geredet hätte, etwas von einem Wartesaal Erster Klasse sagt.

Vor der Seitenkapelle, die seit einigen Jahren die Pietà aufgenommen hat, drängt sich eine Schulklasse, lauter schöne junge Menschen, und ein gutaussehender junger Mann erklärt auf Holländisch, was doch ein Geheimnis ist: was es denn auf sich hat mit dieser Skulptur.

»Seht ihr das Gesicht der Madonna? Wie alt ist sie wohl, achtzehn? Höchstens zwanzig, fast noch ein junges Mädchen, in aller Lieblichkeit der Jugend. Und ihr Sohn, den sie tot auf dem Schoß hält? Vielleicht fünfunddreißig, wie Jesus auch wirklich gewesen ist, als er starb; älter als seine Mutter, ein Mann. Was wollte Michelangelo uns mitteilen?«

Ja, das ist die Frage, die als *Lehrerfrage* berüchtigt ist: »Was wollte der Künstler uns sagen?« Sie ist natürlich eine Falle: wir wissen nicht, was er uns sagen *wollte*, und wenn wir es wüßten, wäre es allenfal s von sekundärem Interesse. Haben wir den Mut, uns zu fragen, was er uns gesagt *hat*, und vor allem auch *wie*, dann müssen wir das Kunstwerk befragen; es ist die Antwort, und wenn wir nach Worten ringen und bekennen müssen, daß wir, so genau wir auch hinschauen, keine Worte haben, die dem angemessen sind, was wir sehen, dann haben wir vielleicht etwas verstanden.

Was ich das letztemal verstand, war, wie hart, wie spröde, wie widerspenstig Marmor ist, und wie sanft, wie seidig, wie zart Marmor sein kann. Schon die Oberfläche, die ich nur mit den Augen trinken und nicht anfassen kann, ist ganz Liebe und Zärtlichkeit, nicht die Liebe der Ekstasen, nicht die der Leidenschaft, sondern eine Liebe, die zur Ruhe gekommen ist im Verstehen und Annehmen des Schmerzes.

Was ich diesmal verstehe, ist der ungeheure Gegensatz zwischen dem Körper der Madonna und ihrem Gesicht. Ihr Körper ist ganz Mutterschaft, ganz Erde und Fruchtbarkeit. Das ist der Schoß, der ihn getragen und geboren hat, das sind die Brüste, die ihn genährt haben. Dies wird noch einmal betont dadurch, daß der Körper unter dem Faltenwurf fast zu einem Dreieck wird, dessen Basis die Erde ist. Dieser Körper hat nichts Unerwachtes, Mädchenhaftes. Aber im Gesicht der Madonna hat Michelangelo, ganz anders als bei den Frauengestalten am Grab der Medici in Florenz, allen Liebreiz versammelt, den ich mir vorstellen kann bei einer jungen Frau,

die sich ihrer ersten und einzigen großen Liebe bewußt wird und im gleichen Augenblick begreift, daß sie ihren Geliebten verloren hat. Liebe und Schmerz vereinen sich in einer großen, gesammelten Stille.

Was kümmert mich in diesem Augenblick, was ich sehen, denken und fühlen *sollte*, oder was Tausende anderer Betrachter sehen, denken und fühlen. Ich habe Zwiesprache gehalten mit der Pietà, und sie hat mir etwas mitgeteilt, das für mich in diesem Augenblick wichtig ist.

Auf Laura wirkt die Pietà anders: sie nimmt vor allem das Zarte, Zerbrechliche wahr. Wir wissen, daß Maria in diesem Augenblick einen tödlichen Schmerz erfährt; aber was Michelangelo uns vor allem sehen läßt, ist die Gebärde einer unendlich sanften Zärtlichkeit.

Und indem wir uns mitteilen, was wir sehen, können wir auch sehen und verstehen, was der andere sieht.

Es ist Zeit für eine Pause. In dem kleinen Park hinter der Engelsburg finden wir eine Oase der Ruhe. Selbst der Verkehrslärm erreicht uns hier nur gedämpft.

Wir wissen, daß diese Stadt uns fremd bleibt. Das Rom der Toten nimmt uns auf und zeigt uns seine bröckelnde Schönheit, das Rom der Lebenden seine Monstrosität in den Straßenschluchten, im Chaos seines Verkehrs, und wir lernen, für ein paar Tage oder Wochen, vielleicht sogar, wie Ingeborg Bachmann, für ein paar Jahre, in dieser Stadt zu leben und sie zu lieben; aber vom Leben der Bewohner bleiben wir ausgeschlossen, als handle es sich um zwei Parallelwelten: Die Römer bewegen sich in der einen, die Touristen, Pilger, Romfahrer in der anderen; obwohl diese beiden Welten den gleichen Platz auf der Erde belegen, findet keine Berührung statt. Manche Romfahrer, die hier ihre Heimat finden wollten, haben das schmerzhaft empfunden; manche sind gefallen im Kampf für ein Rom, wie sie es liebten: Im Risorgimento gab es »Internationale Brigaden« auf beiden Seiten. Aber sie spielten keine Rolle bei dem, was geschah.

Auf der Suche nach der Linie 19

Alles wirkt, als sei Verdis Triumphmarsch aus ›Aida‹ in Marmor entstanden.
H. V. Morton, A Traveller in Rome, 1957

Nördlich von Sankt Peter, westlich von der Engelsburg, dort, wo der Eingang zu den Vatikanischen Museen ist, liegt die Piazza del Risorgimento. Hier beginnt das Gründerzeit-Stadtviertel Prati di Castello, heute ein gutbürgerliches Viertel mit ein paar netten Einkaufsstraßen für modebewußte Touristinnen, deren Geldbeutel für die Via Condotti nicht reicht.

Für die letzte Wintersaison vor dem Jahr 2000 ist die Mode grau in grau – was immer das für die Zukunft verheißen mag.

Das Spiel »Wie ärgere ich den Papst?« hat auch hier die Straßennamen geprägt. Die Prachtstraße von hier zur Piazza del Popolo auf der östlichen Tiberseite ist nach Cola di Rienzo benannt, dem Revolutionär des 14. Jahrhunderts, der damals den Traum von einem republikanischen Rom träumte, und dessen Schicksal Richard Wagner veroperte.

Und hier sollte, wie Laura auf dem Flug nach Rom in einem Führer herausgefunden hat, auch die Linie 19 der Straßenbahn beginnen und damit eine Fast-Rundfahrt »Mit der Tram durch die halbe Stadt«, die wir uns für den Nachmittag aufgespart haben. Aber gute Ratschläge für die Ewige Stadt sind wenig haltbar; wieder ist eine Straßenbahnlinie dem Autoverkehr geopfert worden. Das Geheimnis der Erlösung von solchen Überraschungen ist Flexibilität mit einem Schuß Dickköpfigkeit;

wir starten eine Demonstration, von der weder die Polizei noch die Presse Notiz nimmt, und gehen der aufgegebenen Straßenbahnlinie nach, durch die Via Ottaviano, in der es wenigstens ein paar Schaufenster und Cafés gibt, durch die endlos lange und öde Paradestraße Viale delle Milizie, über den Tiber, und schließlich finden wir sie an der Villa Giulia doch noch, die Linie 19.

Um den Park der Villa Borghese herum biegt sie auf einen schnurgeraden Boulevard ein, der in südostlicher Richtung eine Linie durch Viertel aus den Jahren 1870 bis 1940 zieht und zunächst Viale Liegi, dann Viale Regina Margherita und schließlich Viale Regina Elena heißt. Er kreuzt die alten Römerstraßen Via Salaria und Via Nomentana, heute laute Ausfallstraßen, führt an der Poliklinik, die um 1900 erbaut wurde und der Città Universitaria, aus der unmittelbaren Nachkriegszeit, vorbei. An der Kirche *San Lorenzo* beginnt die Bahn ihren Weg durch das Arbeiterviertel San Lorenzo und endet an der Porta Maggiore.

Es ist, wie mein Gang um die Mauer vor zwei Tagen, eher eine Körpererfahrung als eine vergnügliche Studienfahrt, oder vielleicht, wie Laura es empfindet, ein etwas bitter schmeckendes Gegengift gegen die Euphorie von warmen Nächten am Pantheon oder der Piazza d'Espagna. Jetzt sollte nach ihrem Romführer eigentlich die Belohnung kommen: Umsteigen in die Linie 13 und – im Abendlicht einer nun bald untergehenden Sonne, »eine der schönsten Trambahnstrecken der Welt, die Strecke zwischen Kolosseum und Circus Maximus ...« nach Trastevere. Aber leider, auch diese Linie ist aus dem Verkehr gezogen. Aber wie wäre es mit einem Spaziergang von *San Giovanni in Laterano* (im Bastrock) zum Kolosseum? Wir schwanken zwischen drei Möglichkeiten (sie haben alle ihren Reiz): der direkten auf der Via San Giovanni di Laterano (sie wäre am ehesten eine Fortsetzung der nachmittäglichen Bußübung), der etwas weniger lärmenden Via dei SS. Quattro Coronati, an der die gleichnamige Märtyrerkirche liegt, oder über die Via di San Stefano Rotondo, die über den Monte Celio führt und in die Via Claudia mündet. Es ist ein wunderschö-

ner Weg (auch wenn die geheimnisvolle Rundkirche geschlossen ist) mit viel Celio-Grün und Abendrot.

»Neun«, murmelt Laura. Ich blicke sie fragend an.

»Es ist das neunte Krankenhaus, an dem wir heute vorbeikommen. Heute ist der Tag der Hospitäler und Krankenhäuser.«

Es wird noch eine Weile dauern, bis die auserwählte Taverne öffnet, die mir vor einigen Jahren so gut gefallen hatte. Deshalb beschließen wir, uns in einer Eckbar, die zweifellos zum Rom der Lebenden gehört, die Zeit zu vertreiben, und rasch einen Blick in die Zeitung zu werfen: Die Regierungskrise vertieft sich. Der Streik der römischen Verkehrsbetriebe steht unmittelbar bevor. In den nächsten Tagen wird noch ein wenig mehr Fußarbeit nötig sein.

Es bleibt die Zeit für einen kleinen Spaziergang, einen frühen Abendbummel entlang dem Forum Romanum, am Rande jener Parade- und Imponierstraße, die Mussolini mitten durch die Ausgrabungen bauen ließ, ein Alptraum für Archäologen: Für die nächsten Jahrzehnte ist bei den römischen Verkehrsverhältnissen eine Erweiterung des Grabungsfeldes ausgeschlossen. Der Rahmen (Forum rechts, Forum links) gibt dieser Straße trotz allem einen gewissen Reiz, und Römer wie Touristen dürfen noch immer jene in die Begrenzungsmauer eingelassenen Karten des *Mare Nostro*, des Mittelmeerraums unter römischer Herrschaft, bewundern, wie sie sich zwischen dem legendären Gründungsdatum und der Regierungszeit Kaiser Trajans entwickelte. Sie sind ein lebendiges Zeugnis dafür, wie die Träume von der vergangenen Größe Roms den eigenen Ehrgeiz künftiger Geschlechter beflügelten – Träume, die vor Mussolinis Italien deutsche Kaiser, russische Zaren, französische und spanische Könige beflügelten. Und ein virtueller Gang durch die am antiken Rom orientierte Herrschaftsarchitektur Londons und Washingtons zeigt: Politiker waren auch dort gegen die Träume vom Imperium nicht gefeit. Daß Mussolinis Landkarten am Forum nicht nur dem Geschichtsunterricht dienten, zeigt die (ebenfalls noch erhaltene) Inschrift an einem Gebäude aus der faschistischen Ära am Corso Vittorio Emmanuele, in der es heißt: »Die Mannestugend war es, welche die Grenzen römischer Herrschaft erweiterte.« Daß dergleichen nicht mit dem Sturz Mussolinis demoliert wurde, mag man loben oder verdammen; es paßt ins Gesamtbild einer Stadt, in der die Gegenwart jeweils die Vergangenheit aufhebt – im Doppelsinn des Wortes.

Noch drücken sich am Mamertinischen Kerker die Mitglieder einer Reisegruppe am Vordermann die Nase platt; Petrus, der erste Bischof von Rom, soll dort eingekerkert worden sein. Es ist im nachhinein bewundernswert, wie sensibel seine Peiniger den späteren Bedürfnissen des Petruskults entgegengekommen sind, indem sie sein Martyrium auf mehrere Stellen in der Stadt verteilten.

Im abendlichen Himmel zeichnen sich nicht nur die Ruinen scharf ab, sondern auch die Baukräne. Uns zieht die noch offene Pforte des *Museo Centrale del Risorgimento* an, das sich in der dem Forum zugewandten Seite des Nationaldenkmals für Vittorio Emmanuele befindet. Sollte sich das Tagesthema noch einmal von einer anderen Seite aufrollen lassen?

Aber was uns erwartet, ist nicht ein Blick auf den prächtigen scharlachroten Uniformrock Garibaldis mit schwarzem und goldenem Besatz. Die Region Trentino lädt zu einer Ausstellung über »Die Äpfel des Trentino und die Kunst« ein. Die Kunst kann man in diesem Fall rasch vergessen; aber die Schautafeln vermitteln zugkräftige Informationen über die reale und heraldische Geschichte des Apfels vom Altertum über Wilhelm Tell zum Macintosh-Computer und seine symbolische Nähe zur Liebesgöttin Venus, der Mutter des Aeneas, des mythischen Urahnen der Stadt Rom. Vor allem aber enthält die Ausstellung prall gefüllte Kisten mit roten und goldenen Äpfeln für die Besucher … Die willkommene Gabe dient uns als Vorspeise auf dem Weg zur Taverne.

An den Windschutzscheiben der parkenden Autos fallen uns grellgelbe Zettel auf. Eine Detektei bietet die Überwachung untreuer Ehepartner und die Herbeischaffung von Beweisen an; dies ist in der Tat das Rom der Lebendigen.

Die Taverne »Vierzig Räuber« hat sich nicht nur dadurch verändert, daß ihr irgendwie die »Räuber« im Namen abhanden gekommen sind; auch sie war bis vor zwei Tagen eine Baustelle. Trotzdem trägt ein vortreffliches Mahl dazu bei, daß der Abend schön endet. Gut getarnt unter lauter speisenden, meist jungen Italienern, kann ich Laura endlich ein eigenes Vandalenerlebnis erzählen, das mir auf unserem heutigen Gang durch die Prati wieder eingefallen ist.

Bei der Studienfahrt, von der schon die Rede war, statteten wir natürlich auch dem Forum unseren Besuch ab. Mein Freund Willi, Spezialist für die Antike und der Situation gemäß mit einem echten Lorbeerkranz bekleidet, den ihm Verehrerinnen geflochten hatten, führte souverän durch die Ruinenlandschaft. Die Sonne schien freundlich, und alle bewegten sich mit Vorsicht, wie in einem Porzellanladen: Was ehe schon so hinfällig scheint, sollte man nicht noch anstoßen. Aber bei der Abfahrt winkte mich einer der Teilnehmer beiseite und drückte mir heimlich einen faustgroßen Marmorbrocken in die Hand, als »Andenken an das gemeinsame Erlebnis«. Die Spuren der Kanellierung waren noch erkennbar. »Vom Forum«, flüsterte er. Ich war erschüttert, wenn auch nicht von der Größe des Geschenks.

»Könntest du dir vorstellen, in Rom zu leben?« fragt mich Laura beim Verdauungsschnaps.

»Mit dir, ja. Und mit ein bißchen Geld zum Rasch-mal-wohin-fahren. Denn wir würden vielleicht beide die Oper und das Ballett vermissen, die Konzerte, vor allem die alte und die ganz moderne Musik. Trotz aller Schönheit ist Rom keine Stadt der darstellenden Künste geworden; der Veranstaltungskalender zeugt davon. Die Musik wird im wahrsten Sinne des Wortes in anderen Städten Italiens gemacht. Aber wie ist es mit dir: Könntest du dir vorstellen, im *antiken* Rom zu leben?«

»Ehrlich gesagt, ich genieße das alte Rom am liebsten in Form von Ruinen. Sie sind schön, fast als wären sie noch nicht fertig; aber sie gefallen mir auch deshalb, weil die Macht, die aus ihnen spricht, nicht mehr da ist. Mir geht es da ein bißchen wie Brecht in seinem Gedicht ›Von allen Werken‹«. Ihre Antwort gefällt mir sehr. Ich habe das Gedicht, das ich nicht kannte, später nachgeschlagen:

»Die halbzerfallenen Bauwerke
Haben wieder das Aussehen von noch nicht vollendeten
Groß geplanten: ihre schönen Maße
Sind schon zu ahnen; sie bedürfen aber
Noch unseres Verständnisses. Andererseits
Haben sie schon gedient, ja sind schon überwunden. Dies alles
Beglückt mich.«

Scipios Bad, die Thermen oder der Untergang Roms

... Rom, einst von Hirten gegründet, heute jedoch, wenn man vom Baumaterial spricht, eine Neuschöpfung. *Pomponius Mela, De chorographia, 44 n. Chr.*

Was ist in der Tat die erste Manifestation des Luxus, die ich verbieten sollte? Diese Sorge, Senatoren, hat der Princeps zu tragen. Wird sie vernachlässigt, wird sie den ganzen Staat ins Verderben reißen. *Kaiser Tiberius, nach Tacitus*

Er könnte, wenn schon nicht »eine der schönsten Trambahnstrecken der Welt«, so doch einer der anregendsten Spaziergänge in den Resten des alten Rom sein, der Weg von der Porta Ardeatina (oder auch der Porta San Sebastiano) über den Monte Celio, vorbei an den Caracallathermen zum Kolosseum und weiter zum Marcellus-Theater. Das Renommierbedürfnis neuzeitlicher Politiker und die Sachzwänge der Motorisierung haben eine Rennstrecke aus ihm gemacht. Informationstafeln hat es nie gegeben, oder sie sind den nimmermüden Sprayern zum Opfer gefallen. Das Terrain ist in großzügigen Parzellen an feudale Clubs, Firmen und andere Institutionen vergeben, denen man zutraut, die herrliche Parklandschaft zu pflegen und Hobbyarchäologen fernzuhalten. Hunde und Fußgänger sind auf Pfade parallel der Autostraße verwiesen, die es immerhin gibt. Wir lassen uns also nicht abhalten, sie zu benutzen, zumal sie uns zu einer der ältesten und hübschesten *kleinen* Kirchen Roms führt, der Kirche der heiligen Märtyrer Nereus und Achilleus. Das Kirchlein hatte schon früh eine Rolle in dem weitverzweigten Martyrium des heiligen Petrus gespielt und gehört zu den Titularkirchen Roms. Schon daß etwas in Rom nicht *groß* ist, macht es sympathisch. Was immer die Legende zu sagen hat, es muß schon im 4. Jahrhundert in irgendeiner Form existiert haben und bildet innen ein harmonisches Stil-Ensemble vom frühesten Mittelalter zur Renaissance, wenn man von einem Sockel aus Porphyr absieht, der von den Caracallathermen »ausgeliehen« ist. In der Nachmittagssonne spielen junge Männer auf dem Rasen vor der Kirche Fußball; die Kirche wird gerade für ein Brautpaar geschmückt. Dann gibt es noch ein Kloster und eine Kirche *San Sisto Vecchio*. Was also ist mit den Caracallathermen nebenan, diesem Ruinenhaufen aus Ziegeln, dessen Areal 109 000 qm umfaßt? Kann ich damit etwas anfangen?

Septimius Severus begann sie im Jahre 206 n. Chr., und vielleicht sollte er dem Ganzen eher den Namen gegeben haben als der unappetitliche Caracalla. Was ist aus den Thermen geworden, seit der Gotenkönig Theoderich sie zum letzten Mal restaurieren ließ? In den Gotenkriegen, elf Jahre nach Theoderichs Tod, 537 n. Chr., wurde die Wasserzufuhr endgültig abgeschnitten, die Thermen verfielen. 847 brachte ein Erdbeben sie zum Einsturz. Palladio sah im 16. Jahrhundert noch mehr davon als wir.

Wer eher »wo« als »was« fragt, bekommt Antwort aus dem Petersdom, dessen Baumasse viel aus den Caracallathermen enthält. Auch manches Stück aus den römischen Sammlungen würde sich melden. Die Kenner scheinen sich darüber einig zu sein, daß das Renommierbauwerk zwar prächtig, aber von zweifelhaftem Geschmack war. Und seit Jahrhunderten gehört es zur Folklore der Gebildeten, daß Etablissements wie die Caracallathermen Anzeichen, ja geradezu Ursachen für den Verfall und schließlichen Untergang des Römischen Reiches sind. Der Ruinenhaufen gehört zu den Belegstücken der Dekadenzthese, die angesichts der Schwierigkeiten zu verstehen, wie dieses Reich und diese Stadt in Trümmer fallen konnten, nur die Liebhaber von einfachen Erklärungen befriedigt.

Die beiden Schüler oder Studenten, die sich gestern hinter meinem Rücken im drangvollen, allerletzten Bus unterhielten, der trotz des Streiks nach Termini fuhr, waren mit sich zufrieden. Sie hatten das Gefühl, heute viel über das Leben der alten Römer gelernt zu haben. Ich verschweige, was es war. Sie hatten gelernt, was sie vorher schon gewußt hatten – oder zu wissen glaubten. Die These von der Dekadenz ließ grüßen, obwohl diese jungen Leute den Namen Gibbon wahrscheinlich noch nie gehört hatten. Das Seltsame ist, daß die These fast so alt ist wie das römische Imperium.

»Vergiß doch mal für eine Stunde die Bücher, die du gelesen hast!« Das ist ein Rat, den ich mir und anderen gerne gebe, wenn es um die Fähigkeit geht, sich zu öffnen für das, was geschieht, wenn man eine Skulptur oder ein Gemälde betrachtet; es könnte auch ein Sonnenuntergang über dem Gianicolo oder eine schöne alte, vom Leben gezeichnete Frau sein, die im Borgo zwischen St. Peter und der Engelsburg vor ihrem kleinen Lebensmittelladen sitzt. Der Haken an der Sache ist: Man kann auch Bücher über Rom nur dann vergessen, wenn man sie wirklich gelesen hat. Und die Bücher sind nur das halbe Problem.

Eigentlich müßte der Satz heißen: Vergiß jetzt, was du zu wissen glaubst. Der berühmte Satz, daß bloße Erfahrung blind ist, geht an der Tatsache vorbei, daß niemand von uns die Welt anschaut wie ein Säugling, es sei denn, er (oder sie) ist einer. Wir sind geradezu vollgestopft mit Scheinwissen und Vorurteilen, die verhindern, daß wir die Dinge so wahrnehmen können, wie sie sind, und die Flaubert als Gemeinplätze, als »idées reçues«, dem Gelächter preisgegeben hat. Da wir uns diese Tatsache nicht ständig klarmachen, entsteht eine falsche Vertrautheit mit den Objekten unserer Wahrnehmung, die uns tatsächlich blind macht.

Wir haben Vorstellungen davon, was im Kolosseum, den Caracallathermen oder der Villa Hadriani passierte, die über fast zwei Jahrtausende genährt wurden, selbst wenn wir fast nichts gelesen haben. Tourismusprospekte, Stadtpläne, rasch zusammengestoppelte Stadtführer und überforderte Reiseleiter transportieren sie weiter. Schätzungsweise zwei Drittel aller römischen Altertümer tragen irreführende Na-

men; die entsprechenden Gebäude dienten einem ganz anderen Zweck oder entstanden in einem ganz anderen Zusammenhang, aber diese Namen werden immer weiter geschleppt und mit ihnen die famosen Anekdoten, die so griffig sind – und oft so irreführend. Aber das ist nur die Oberfläche.

Die Irreführung begann schon in der Antike. Die römische Oberschicht war spätestens seit Augustus besessen von der Idee, die Wiederherstellung der »Vätersitten« sei das Allheilmittel gegen alle Übel der Gegenwart, jedenfalls in der Theorie. Vergil lieferte den römischen Honoratioren mit der »Aeneis« den Gründungsmythos, der ihnen das bestätigte, Livius fertigte ihnen ein wunschgerechtes Geschichtswerk an, das mit der Realität nur so viel zu tun hatte wie die Märtyrerakten der frühkirchlichen Überlieferung. Auch er gehörte zu den »Lobrednern vergangener Zeiten«, und in der Neuzeit nahmen ihn die Generationen von humanistisch Gebildeten als Geschichtsschreiber genau so ernst wie Sueton und Tacitus. Aber die römischen Historiker waren Moralprediger, nicht Wissenschaftler.

Wer vor den Ruinen der Caracallathermen steht und zu verstehen glaubt, was er sieht, muß sich irren. Er versteht den Film, den er im Kopf hat. Um den zu vergessen, muß man vielleicht wirklich ein Buch lesen. Erika Brödner hat zum Beispiel ein Buch über »Die römischen Thermen und das antike Badewesen« geschrieben; es ist gut recherchiert, ausgezeichnet bebildert und enthält sogar eine Menge zeitgenössischer Quellentexte. Danach weiß man, wie Thermen gebaut waren und wozu sie dienten. Es gibt fast zu jedem Thema der römischen Kulturgeschichte solche Bücher, über Sport und Sportstätten, darüber, wie Reich und Arm wohnten, über Schulen und öffentliche Klos, über Soldatenleben, Hochzeiten und Bordelle; man kann sie sich zum Geburtstag wünschen oder aus der Stadtbücherei ausleihen. Man kann vor allem – vorausgesetzt, man will es genauer wissen – einer der Römerstädte auf deutschem Boden, Trier, Köln oder Mainz zum Beispiel, einen Wochenendbesuch abstatten, bevor man nach Rom fährt; es lohnt sich. Dort erhält man auf kleinem Raum eine gute Vorstellung davon, wie es zugegangen ist in einer römischen Stadt der Kaiserzeit. Das Museum in Köln etwa ist vorbildlich aufgebaut und gibt solide und spannende Informationen über das römische Alltagsleben bis zum Kochtopf, die man so weder in Rom noch in Ostia Antica erhält. Die Stadt Rom, mit dem Übermaß ihres kulturellen Erbes geradezu geschlagen, hat alle Hände voll zu tun, daß es nicht unter ihren Händen zerbröselt; sie kann sich nicht auch noch um die pädagogische Aufbereitung der Ruinen für ratlose Touristen kümmern.

Mich beschäftigen diese Gedanken, wenn ich um mich schaue: Ich sehe viel Ratlosigkeit, viel Frust, auch Enttäuschung, nicht nur bei jungen Leuten. Lebensfreude hat erst dann wieder Platz, wenn sie gemütlich beim Wein im Restaurant sitzen oder später, an der Piazza Navona, dem Brunnen beim Rauschen zuhören. Vielleicht hätten sie schon in den Ruinen Spaß, wenn sie vor der Hinreise Carcopinos »Leben und Kultur in der Kaiserzeit« einmal durchgeblättert hätten, ein Buch, das seit Jahrzehnten vom Glanz und Elend des alten Roms ziemlich zuverlässig berichtet.

Den Reigen derer, die vom Luxus das Verderben des ganzen Staates erwarteten, eröffnete Tiberius, ein Nachfolger des Augustus. Jedenfalls läßt Tacitus ihn, wie es in der Antike der Brauch war, so sprechen, und obwohl die Rede erfunden ist, trifft sie den Tenor seiner politischen Ideologie. Seine Villa auf Capri läßt allerdings von dieser Sorge wenig spüren; in einem so luxuriösen Eigenheim läßt sich am besten gegen Luxus wettern. Wenig später beschrieb Seneca, Erzieher und später Minister Neros, seinen Besuch in einer nationalen Weihestätte: »Ich habe das schlichte Landhaus des großen Scipio besucht; darin befindet sich ein enges Bad; düster, wie gewöhnlich bei unseren Vorfahren … In diesem Winkel also pflegte der Schrecken Karthagos sich den von ländlicher Arbeit erschöpften Körper zu reinigen!« Seneca vergleicht das spartanische Bad und die Badegewohnheiten Scipios mit den modernen Bädern seiner Zeit und kommt zu dem Schluß: »Denn wie die Schriftsteller uns von den alten Sitten Roms berichten, wusch man sich damals zwar täglich Arme und

Beine, an denen natürlich der Schmutz der täglichen Arbeit haftete; den ganzen Körper aber badete man nur einmal in der Woche. Hier wird mancher fragen, wie sie wohl gerochen haben mögen. Nun, nach Waffenübung, nach Arbeit, kurzum nach Manneskraft!«

In der Praxis gehörte Senecas ungeratener Schüler Nero wohl zu den ersten, der große Thermen zur Benutzung für die Bürger errichten ließ. Juvenal gab den Volksmund folgendermaßen wieder: »Was ist schlimmer als Nero? Was ist besser als seine Thermen?«

Der Meinung, daß Thermen nicht untergangsträchtiger Luxus waren, sondern vernünftige Kommunalpolitik, waren auch der große Kaiser Trajan und ein gewisser Plinius, den er als eine Art Statthalter in die Provinz Bithynien geschickt hatte, um dort nach dem Rechten zu sehen. In ihrem Briefwechsel ist über viele Seiten von Wasserleitungen und öffentlichen Bädern die Rede. In den Stadtkulturen des Mittelmeerraums und ganz besonders in der Millionenstadt Rom war die Sorge für sauberes Leitungswasser, für körperliche Hygiene in öffentlichen Bädern, für Sportanlagen, für den Ausbau von öffentlichen Foren eine sinnvolle Politik. Nicht zu vergessen die öffentlichen Bibliotheken. Daß diese Politik nicht uneigennützig war, versteht sich. Rom wäre nicht Rom, wenn die theatralische Inszenierung der eigenen Selbstdarstellung nicht dazugehört hätten.

Mir kommt dabei die Lokalpolitik in so mancher bundesdeutscher Kommune der Nachkriegszeit in den Sinn, wenn sie begann, sich als »Stadt« zu fühlen und darzustellen. Die Bedürfnisse waren nicht prinzipiell anders als die des großen Rom: Sie brauchten repräsentative Räume, in denen sich die Stadt und ihre Bürger (eingeschlossen natürlich ihre Politiker) in ihren öffentlichen Entscheidungen und Ritualen selbst darstellen, und in denen sie auch offiziell feiern konnten. Die Bürgerhäuser waren – bei unserem Klima verbot sich Selbstdarstellung im Freien meist – die »Foren« der sechziger Jahre. Man brauchte andere Räume, in denen sich für das öffentliche Leben wichtige Gruppen, wie Vereine, zwanglos treffen konnten. Wie im alten Rom und in allen Städten des Römischen Reiches fielen viele lokalpolitische Entscheidungen »informell« in kleinen Gruppen von Honoratioren. In Bürgerhäusern gab es auch dafür einen Rahmen; in Rom dürften die Thermen ein Ort für diese Art von Politik wie für Geschäfte gewesen sein – dafür war in jenen Jahrzehnten der Bundesrepublik eher der Tennisklub da; auch er genoß das finanzielle Wohlwollen der Kommune. Rathäuser, Bürgerhäuser, Stadtbüchereien, Schwimmbäder, Sportplätze, Klubhäuser – das war die Agenda sozial- und christdemokratischer Bürgermeister in den sechziger und siebziger Jahren. Selbstdarstellung? Buhlen um Wählerstimmen? Vielleicht auch hier und da ein bißchen Korruption? Selbstverständlich. Manchmal sicher auch ein ganz klein bißchen Cäsarenwahn.

So fremd sind die Caracallathermen also doch nicht. Vorausgesetzt, man hat vielleicht doch ein oder zwei Bücher gelesen und dann wieder vergessen. Vorausgesetzt, man benutzt den eigenen gesunden Menschenverstand.

Natürlich ist der Dekadenzmythos vom Typ »Toll trieben es die alten Römer« nicht der einzige, der die Rezeption der Antike in Rom bestimmt. Er ist nur der einzige, den die Römer selbst erfunden haben.

Der Streik findet doch statt

»Wir bewundern die Deutschen; aber wir lieben sie nicht; die Deutschen lieben uns, aber sie bewundern uns nicht.« — *Galeazzo Ciano, Außenminister unter Mussolini*

Unübersehbar rückt in einer großen Anzahl von Romtexten der Römer, der in Rom lebende Mensch an die Stelle, oder doch in Richtung auf die Stelle des glücklichen Südsee-Insulaners, wie er Forster, Melville und anderen Forschungsreisenden erschien, als ein vom Glück des Lichts, der Anmut bevorzugtes Wesen, das zwischen Säulen wandelt wie jene Insulaner zwischen Palmenstämmen. — *Karl Alfred Wolken, 1968*

Vieles passiert in dieser Woche. Einen ganzen Tag lang kreist ein Hubschrauber über dem Stadtzentrum und zerrt an den Nerven. Handelt es sich um eine Bombendrohung? Erst am Abend erfahren wir, daß Premierminister Prodi die Vertrauensfrage gestellt und mit einer Stimme verloren hat. Wird es Neuwahlen geben oder einfach eine leicht variierte Wiederauflage der alten Koalition? Die Frage entscheidet sich ganz unspektakulär. Der neue Ministerpräsident heißt nicht mehr Prodi, sondern D'Alema; ein ehemaliger Kommunist, gestylt und in elegantem Habit erscheint er im Fernsehen; eine winzige, aber einflußreiche Splitterpartei am rechten Rand der linken Mitte ist nun Teil der Koalition. Der Medienzar und gescheiterte Politiker Berlusconi ist empört und ruft zu Massendemonstrationen auf. Die finden statt; na und? Die Politik der letzten Regierung, heißt es beruhigend, wird weitergeführt, der Euro wird kommen, auch in Italien. An notwendigen Reformen, des Wahlgesetzes zum Beispiel, wird weiter gearbeitet, aber es dauert alles noch ein bißchen. Geht alles so weiter wie bisher, glauben wir uns weiter im Recht, mit etwas abschätziger Freundlichkeit auf die Italiener und ganz besonders die Römer herabzusehen? Wer genau hinschaut, kann durchaus sehen, daß Rom mit der schweren Last seiner Geschichte, vor allem der Geschichte einer übereilten und in ihren Schwierigkeiten unterschätzten italienischen Nord-Süd-Wiedervereinigung, auf die ihm eigene Art produktiv umgeht.

Zur Last der Geschichte gehört auch das römische Patronatssystem, das Klientelwesen, das in den Strukturen der Mafia und ähnlicher »Familien« nur in einer besonders krassen Form bis in die Gegenwart überlebt hat. Sie haben ein Problem? Wenden Sie sich an Ihren Abgeordneten, auch wenn der vielleicht ein paar Vorschriften umgehen oder einige kleinliche moralische Bedenken hintanstellen muß, um seine Wähler nicht zu enttäuschen.

Am Mausoleum des Kaisers Augustus treffen wir auf eine Gruppe von etwa 200 älteren Frauen und Männern, erkennbar und hörbar Sizilianern, die einen Mann umringen, den wir zwar nicht sehen können, der aber offensichtlich das Zentrum des kleinen Auflaufs ist. Er wird im Triumph auf die Treppe der Ara Pacis geführt, ein paar junge Mädchen schwenken selbstgemalte Schilder, Rufe erklingen: *Eroe!* Wir mischen uns unter die Menge und Laura, die in Kommunikationsfragen stets etwas forscher ist als ich, stellt einen Kontakt mit den Frauen her. Sie sind aus Agrigent, antworten sie lachend, kennen wir das? Wir bejahen strahlend: dort sind wir ein Paar geworden. Wunderbar finden sie das, auch die Männer. Kommen wir demnächst wieder? Natürlich. Und was machen sie hier? Sie feiern ihren Bürgermeister; er hat etwas für sie getan, er ist ihr *Eroe*, ihr Held. Das Patronatssystem funktioniert; es fällt schwer, ein Haar in dieser Suppe aus guter Laune, Volksfest und antiker Kulisse zu finden.

Der Streik der Verkehrsbetriebe bricht aus, über den schon seit einigen Tagen gesprochen wird. Wird er den chaotischen Verkehr der Millionenstadt endgültig lahm legen? Natürlich nicht. Ein Zugeständnis an Zehntausende von Pendlern mindert die Härte: während der Stoßzeiten morgens und spätnachmittags wird nicht gestreikt. Und natürlich fahren ein paar Busse, brechend voll in einem Ausmaß, das mich an die Nachkriegszeit erinnert. Die Atmosphäre ist erstaunlich aggressionsfrei. Die Fähigkeit der Römer, solche Situationen mit Geduld zu ertragen, ist bewundernswert. Selbstverständlich sind mehr Autos, Motorräder, Motorroller und sogar einige Fahrräder unterwegs. Die Verkehrsregeln werden ein bißchen stärker gebeugt als sonst, schließlich muß jede erspähte Lücke genutzt werden, um ein paar Schritte voranzukommen. Die ausländischen Besucher hetzen über die Zebrastreifen, als sei die Jagd auf sie freigegeben, aber es passiert allenfalls *beinahe* etwas, nicht wirklich.

Nach zwei Tagen endet der Streik der Busse, der Straßenbahnen und der Metropolitana ohne Fanfarenstöße. Dafür streiken jetzt die Taxis.

Die Rombesucher reagieren auf die Herausforderungen der Situation verschieden. Wo die Bürgersteige überquellen von Menschen, die von einer Stelle der Stadt zur anderen hetzen müssen, weil sie arbeiten, werden auch notorische Flaneure und selbstvergessene Liebespaare von unvermeidlichen Püffen in Kneipen, Parks und Museen vertrieben. Die Parklandschaft der Villa Borghese füllt sich mit Sonnenanbetern. Die Museumsleitung muß den Zugang rationieren und reserviert den Eintritt für jeweils zwei Stunden. Wir können einen Platz für die Abendrunde erhaschen; die Villa Borghese, Zug um Zug vorbildlich restauriert, hat bis zehn Uhr geöffnet.

Die Straße hat uns also wieder. Und neben dem obligaten Caffè Latte am Pantheon sind unterwegs zwei Kirchen fällig: *Santa Maria del Popolo* und *San Luigi dei Francesi*. Gäbe es dafür einen »vollkommenen Ablaß« wie für die Rompilger von einst, müßten wir längst frei sein von allen zeitlichen Strafen; aber wir sind ja zum Vergnügen hier, wir betreten diese Gebilde aus purer, wenn auch ehrfürchtig gezähmter Lust; keineswegs reuig zerknirscht, sondern frohlockend. Es wird also ein böses Ende nehmen. Zumindest werden die vatikanischen Museen wegen Überfüllung geschlossen sein, fürchte ich.

Aber nein! Auch die vatikanischen Museen haben viel gegen ihren zeitweise schlechten Ruf getan. Sie vermitteln im ganzen zwar immer noch eine Menge des anarchischen Charmes, den die Kunst- und Raritätenkabinette der Fürsten in der frühen Neuzeit gehabt haben müssen, obwohl zahlreiche Umbauten auch da ordnend gewirkt haben. Sie kanalisieren den Besucherstrom besser, Leuchttafeln zeigen schon an der Tür, welche Abteilungen offen, und welche geschlossen sind, es gibt eine neue Cafeteria und besondere Vorrichtungen für Rollstuhlfahrer. Die alte Nonne, die wir am letzten Sonntag am Petersdom sahen, wird ihr Klappstühlchen freilich auch hierhin mitnehmen müssen; in den endlosen Gängen gibt es kaum eine Möglichkeit zu rasten.

Seit jenem Sonntag versuchen wir, nicht mehr in die Falle zu tappen, alles sehen zu wollen oder zu müssen, die selbst aus Goethes »Italienischer Reise« spricht, der in Rom ein neuer Mensch geworden sein will und doch auch bei seinem zweiten Rombesuch von Sehenswürdigkeit zu Sehenswürdigkeit hetzte, um ja nichts zu »versäumen«, was ihm beim letzten Mal »zurückgeblieben« war, was er also, wenn man den Ausdruck wörtlich nimmt, nicht mit nach Weimar hatte nehmen können. Alles sehen, heißt nichts sehen, müssen wir uns täglich wiederholen; denn natürlich werden wir zu Hause aufstöhnen, wenn wir beim Blättern in schönen Bildbänden feststellen müssen, daß wir an der »Kolossalbüste des Antinous, von Hadrian geliebter und nach seinem Tode im Nil unter die Götter erhobener Jüngling; aus der Villa Hadrians bei Tivoli. Inv. 251« relativ gleichgültig vorbeigegangen sind. (Warum, ganz nebenbei, müssen einige Romführer den Geliebten nach wie vor beschönigend »Liebling« nennen wie vor zweihundert Jahren in Schleiermachers Platon-Übersetzung? Darf Hadrian nicht endlich in Ehren homosexuell sein?) Und sicher wird einer der Freunde uns der Barbarei bezichtigen, weil wir die musizierenden Engel in Raffaels Marienkrönung glatt übersehen haben, während mein Blick wohlgefällig auf den etwas pummeligen und ebenfalls musizierenden Engeln von Melozzo da Forlì

ruhte. Wir wollen auch heute die etruskischen Altertümer nicht sehen und die meisten der Stanzen Raffaels nicht, außer der einen, von seinen Schülern vollendeten, in der ein Brand des vatikanischen Borgo im 9. Jahrhundert dargestellt wird, den der heilige Papst Leo IV. durch seinen Segen löscht. Nicht nur sieht man auf diesem Wandgemälde die Peterskirche, wie sie vor dem Umbau war; es ist auch ein schönes Beispiel, wie unbefangen in der Renaissance antike Themen in die päpstliche Hagiographie eingefügt wurden. Denn plötzlich zeigt Laura mit leicht anklagend erhobenem Finger und gefurchter Stirn auf einen schönen Jüngling, der einen gehbehinderten Alten aus den Flammen des brennenden Borgo rettet: »Wie kommen Aeneas und sein Vater Anchises zusammen mit den Papst aufs gleiche Foto?«

Ich kann zwar die Begeisterung der französischen Revolutionssoldaten nicht teilen, die Raffael nebst anderer Raubkunst kistenweise nach Paris transportierten, weil sie ihn für einen revolutionären Maler hielten (oder man ihnen das eingeredet hatte, angesichts von Raffaels Marktwert um 1800), aber auf der »Schule von Athen« bleibt mein Blick doch wieder einmal hängen, weil sie dokumentiert, wie die Baukunst der Kaiserzeit, besonders der monumentalen Thermen, die Phantasie der Römer und der Künstler, die um 1500 in Rom arbeiteten, beschäftigt haben muß.

Doch eigentlich interessieren mich heute ganz andere Kunstobjekte. Die gleiche Faszination, die von den Mosaiken in Santa Costanza, dem Mausoleum der Kaisertochter Konstanze bei *Sant'Agnese fuori le mura*, ausgeht, empfinde ich auch vor dem Porphyrsarkophag der Prinzessin in der Sala a Croce Greca: die Reliefs von Eroten bei der Weinlese und beim Keltern des Weins nehmen das Thema der Mosaiken an der Via Nomentana auf. Ist das noch »heidnische« Kunst oder schon »christliche«? Versuchte die kaiserliche Auftraggeberin im Einklang mit den Künstlern, die sie beschäftigte, Motive der Erlösungsreligion, die sich mit Dionysos verband, als Symbole in das Christentum hinüberzuretten, so wie andere versuchten, die Symbole des Mithras oder des Sol invictus für die christliche Kunst zu reklamieren?

Im vierten Saal der Pinakothek hängt eine Leinwand, die einmal ein Wandfresko war, und die ein wichtiges Ereignis in der Geschichte der humanistischen Bildung festhält: Papst Sixtus IV., umgeben von seinen Neffen, ernennt den (von seinem Vorgänger Paul II. mißhandelten) Humanisten Platina zum Direktor der restaurierten und vergrößerten päpstlichen Bibliothek. Melozzo da Forlì war nicht nur ein guter Maler; die Porträts auf diesem Fresko sind so realistisch, daß man sich fragt, warum Sixtus IV. (della Rovere) und seine Neffen, unter ihnen der spätere Julius II., nicht protestierten. Auch Tizians Porträt des Dogen Niccolò Marcello nebenan schmeichelt seinem Auftraggeber nicht. Einen ähnlich selbstbewußten Umgang mit den »Medien« kann man sich für die Gegenwart schwer vorstellen – freilich wurden Päpste und Dogen von einer kleinen Machtelite bestimmt.

Laura ist fasziniert von Caravaggios »Grablegung«. Schon auf dem Weg hierher haben wir in *Santa Maria del Popolo* getan, was nach Georgina Masson in dieser wirklich schönen Kirche praktisch alle Touristen tun: Wir haben die verschiedenen dort begrabenen Della Roveres und sonstigen Wohltäter ignoriert und für heute auch all die erhabenen Kunstwerke übersehen, außer den beiden Caravaggios. Eigentlich wollte sie vor allem das eine sehen: Die »Kreuzigung des heiligen Petrus« von 1601. Mit dem Kopf nach unten nageln sie ihn an. Aber das ist nicht der Fels, auf den Jesus seine Kirche gründen wollte. Das ist ein schmerzzerfurchter Greis in der letzten Stunde seines Lebens. Die muskulösen Arme und Beine zeigen, daß er sein Leben lang schwere körperliche Arbeit verrichtet hat. Aber jetzt ist er ein alter Mann mit Glatze, welker Haut und Bauchfalte geworden, mit spärlichem Haarkranz und struppigem Bart. Man glaubt zu sehen, daß er energisch und voller Ungeduld seine Arbeit als Vorsteher dieser kleinen Christengemeinde getan hat; niemand konnte es ihm je recht machen. Auch jetzt steckt er voller Zorn, wütend bäumt er sich auf, nichts von Ergebenheit in den göttlichen Willen; er scheint mit den Henkersknechten zu hadern: er ist ein gesetzestreuer Bürger, es ist ein Fehlurteil, er hat um neun Uhr

einen Termin in Trastevere, man wartet dort auf ihn. Und außer Schmerz und Wut flackert noch etwas in seinen Augen: beginnende Todesangst. Petrus sieht nicht den Himmel offen, er hat keine Vision vom Triumph der streitenden Kirche unter Konstantin; vor seinem Blick steht nicht der Petersdom im Jahr 2000. Er wird elend und verlassen sterben; einer unter vielen. Und seine Henker: sie placken sich ab, sie schinden sich geradezu, sie schwitzen vor Anstrengung. Sie sind keine Sadisten. Sie tun ihre Pflicht. Sie machen ihre Arbeit. Sie machen sie gut, denn sie tun das Werk des Herrn. Und außerdem gibt es eine Zulage.

So sieht Laura das, und mir fällt ein Roman ein, den ich gerade gelesen habe: »Mistlers Abschied« von Louis Begley. Mistler war ein erfolgreicher Unternehmer, jetzt hat er Krebs und muß sterben. Natürlich in Venedig. Mit einer Geliebten besucht er die Jesuitenkirche und zeigt ihr ein Bild von Tizian: »Das Martyrium des heiligen Laurentius«, eines Offiziers, der das Kaiseropfer verweigert hat. Jetzt liegt er auf einem Rost und wird bei lebendigem Leib geröstet. Er sieht elend aus. Der Mann, der ihn an den Armen festhält, muß einer seiner Peiniger sein. Der fühlt sich auch nicht besonders wohl; es muß die Hitze sein. Auf dem Boden hockt ein williger Helfer und bläst von unten in die Kohlen, damit sie ordentlich glühen. Und dieser untersetzte Typ auf der anderen Seite stochert eifrig mit einer Gabel in der Leber des Heiligen herum. Sie tun das Werk des Herrn. Sie gehen völlig auf in ihrer Arbeit, die Folterknechte und der Heilige. Wessen Willen tun sie? Mistlers Geliebte ist entsetzt, denn er führt das Thema noch ein bißchen weiter aus, und verläßt ihn in der gleichen Nacht.

Inzwischen sind wir in *San Luigi dei Francesi* angelangt. Mistler hat völlig recht: In der Malerei jener Zeit sind nicht nur die Opfer wichtig, sondern auch die Täter. Die Konfessionskriege Europas mit ihren entsetzlichen Grausamkeiten im Namen Gottes waren Gegenwart. Die Henker des Petrus bei Caravaggio und des Laurentius bei Tizian sind Proleten, willige Vollstrecker, die es gewohnt sind, hart zu arbeiten, Fußvolk. Den Henker des heiligen Matthäus in *San Luigi dei Francesi*, der das Schwert schwingt, um den Evangelisten zu töten, hat Caravaggio als einen Überzeugungstäter gemalt. Er war auf der Militärakademie, er ist gebildet, er kennt seine historische Mission; die Christen sind unser Unglück, sie müssen vernichtet werden. Es ist nicht eigentlich Lust, was ihn bei seinem Tun erfüllt; er ist durchglüht von einer sozusagen himmlischen Leidenschaft. Indem er sich des Christen erwehrt, erfüllt er das Werk des Herrn. (Ich weiß, wen ich hier paraphrasiere.)

Auch bei Caravaggios »Grablegung« leuchtet kein Stern der Hoffnung. Beim Anblick des toten Christus und des alten Mannes (Josef von Arimathia) mit dem schweren, von Gram zerfressenen Gesicht, der ihn zusammen mit Johannes ins Grab legt, stellt sich nur schwer eine Assoziation zu Karel Wojtylas Rede von der »Theologie des menschlichen Körpers« ein, und der Optimismus der Renaissance, den Künstler wie Michelangelo mit ihrer Kunst wieder in den kirchlichen Diskurs einbrachten, scheint Jahrhunderte entfernt.

Einzig in Caravaggios »Berufung des Zöllners Matthäus« sehen wir einen Schein, der ganz irdisch ist und doch nicht von dieser Welt, auf die Gesichter der Menschen in einem sehr realen Interieur fallen, in dem höchst banale Geschäfte stattfinden, und dieses Licht verwandelt sie – für einen Augenblick der Hoffnung. Dieses Bild aus der Matthäus-Kapelle in *San Luigi dei Francesi* wiegt für mich alle Scheußlichkeiten dieses unglückseligen Genies auf, die sonst noch in den Museen der Welt hängen.

Und was mir in der Pinakothek als letztes auffällt, bevor wir ans Ziel unserer Lauferei durch die kilometerlangen Gänge des Vatikanmuseums gelangten, ist ein Gemälde mit dem Titel »Judith« von Orazio Gentileschi. Auch seine Tochter Artemisia hat sich mit dem moralisch heiklen Thema der biblischen Geschichte von Judith und Holofernes beschäftigt – die Bilder hängen in Florenz und Neapel – vor ihm Botticelli, und nach ihm Rubens und viele andere. Judith, eine fromme Witwe, ergibt sich dem Werben des Holofernes, der ein Auge auf sie hat, und tötet ihn im Beilager, um ihr bedrohtes Volk zu retten. Botticellis Judith ist die Situation noch klar: Sie hat getan, was ihr aufgetragen wurde, und es ist gut so. In ruhiger Selbstsicherheit kehrt sie zurück. Sie hat den Feind getötet und ihrem Volk den Frieden gebracht. Für Rubens ist sie bereits, wie später immer wieder für Männerängste, die männermordende Sphinx. Gentileschi zeigt sie uns fast aus der Perspektive einer Frau. Auch hier spüren wir den verhaltenen Triumph des Gelingens; aber der Maler zeigt uns auch, was dieser Triumph Judith gekostet hat: Selbstverachtung, Ekel, Überforderung, Überschreitung der eigenen Grenzen. Meine Rezeption wiederum ist der Blick eines Mannes.

Und schließlich sind wir am Ende des kilometerlangen Rundgangs angelangt, fast erschöpft, obwohl wir Selbstbeschränkung geübt haben: in der Sixtinischen Kapelle, diesem dunklen, unspektakulären Raum, der, was er ist, nur den Fresken verdankt. Es ist das erstemal, daß wir ihn nach dem vollständigen Abschluß der Restaurierung 1994 sehen – wie relativ eine solche Aussage ist, zeigt, daß schon wieder ein Stück der Wand an der Eingangsseite eingerüstet ist.

Seit Jahren haben wir immer wieder erbitterte Diskussionen für und wider die »Säuberung« oder »Verfälschung« gelesen. Wir treten in den Raum ein und blicken uns um, schauen lange und schweigend. Es gibt nichts zu sagen: Die Kapelle ist zu sich selbst gekommen. Die wiedergewonnenen Farben sind dem Raum und den Lichtverhältnissen angemessen. So muß es sein. Wenn es nicht absurd wäre, würde ich sagen: Wir sind fast ein wenig enttäuscht, wie selbstverständlich nicht nur Michelangelos Fresken, sondern auch die Fresken an den Seitenwänden in den »neuen« alten Farben leuchten. Dieses Restaurationsprojekt, so schwierig es gewesen sein muß, war in seinem Resultat alles andere als spektakulär; es ist einfach gelungen.

Bramantes Treppe und alles andere muß »zurückbleiben« bis zum nächsten Rombesuch.

Von der Anstrengung, in Rom das süße Nichtstun zu lernen

Man weiß, wie ich mit einem löblichen Wetteifer die Art und Kunst des Lucagnolo zu übertreffen suchte und dabei die Geschäfte eines Juweliers nicht versäumte; ebenso bemühte ich mich, die Geschicklichkeit anderer Künstler nachzuahmen.
Leben des Benvenuto Cellini, von ihm selbst geschrieben

Wir starren Marmor an. Es ist in allen Sälen ungefähr erwartungsgemäß.
Gabriele Wohmann, Marmor und Mord, 1968

Der Spätnachmittag im Park der Villa Borghese an der Seite einer etwas hochmütigen, aber doch an irdischen Gütern interessierten Katze, die gnädig geruht, die Reste einer köstlichen Pizza zu verspeisen, die wir von unterwegs mitgebracht haben, hat uns wieder gestärkt für den nächsten Angriff des Kunstschönen auf unsere Gegenwart. Die Villa, die Kardinal Scipione Borghese, der Lieblingsneffe Papst Pauls V. (Camillo Borghese) erbauen ließ, mußte Fürst Paolo Borghese 1902 an den Staat verkaufen, weil er wegen mißlungener Bauspekulationen in Finanznot geraten war; der Park fiel an die Stadt Rom. Aber schon vorher waren die glänzenden Sammlungen kräftig gerupft worden. 1798 schleppten die französischen Truppen das Beste nach Paris, und 1807 mußte Camillo Borghese, der mit der schönen Schwester Napoleons, Paolina, verheiratet war, seine Sammlung mit 344 bedeutenden Skulpturen der Antike verkaufen; man findet sie heute im Louvre. Aber schon wenige Jahrzehnte später war die Villa wieder prall gefüllt mit Kunstschätzen aus der Antike und, unter anderem, bedeutenden Skulpturen Berninis. Was von

Anfang an das Besondere ausmacht, ist die kompromißlose Ausrichtung der Innenarchitektur auf ihre Funktion, die Sammlungen aufzunehmen, und die Verschmelzung von Dekoration und Kunstgegenständen im Raum zu einer ästhetischen Einheit. Daß jemals jemand in diesen Räumen gelebt und geliebt haben könnte, ist schwer vorstellbar. Die Restaurierung ist diesem Prinzip treu geblieben mit dem Ergebnis, daß aus Sicherheitsgründen die Besucherzahl streng dosiert werden muß. Und wie in alten Zeiten, in denen Küchen und Vorratsräume im Souterrain lagen, gibt es dort heute all das, was der Katalog zu den Servicefunktionen zählt. Die Restauration der Räume, soweit sie zugänglich sind, und die der Fassade ist bewundernswert. Vierzehn Jahre lang war die Villa für Besucher geschlossen.

Natürlich empfängt uns Paolina Borghese als leicht bekleidete Venus, den Apfel (aus dem Trentino?) in der Hand, offensichtlich beim Urteil des Paris bevorzugt, auf einem Diwan im Empire-Stil, und stellt uns wieder einmal die Frage nach dem Zusammenhang zwischen dem Kunstschönen und dem Erotischen.

»Sind romanische Skulpturen erotisch? Sind Cézannes Frauen erotisch, oder die von Van Gogh? Ist Kandinsky erotisch? Ein weites Feld!« hat mir Christina, die Malerin, vor kurzem geschrieben. Die Frage ist, Christina, was man unter »erotisch« versteht. Wenn ich sage, daß das Kunstschöne immer auch erotisch ist, so gehe ich, wie du, davon aus, daß der Begriff keinen Sinn hat ohne Sinnlichkeit, weil er sich an unser Ganzes wendet, an Leib und Seele mit allen seinen Kräften.

Canovas Paolina-Venus ist allerdings auf eine sehr viel direktere Weise sinnlich. Diese Skulptur ist sicher große Kunst, aber sie will, anders als eine romanische Statue, sinnlich erregen; das ist schließlich die Rolle einer Venus. Bernini, der gleich nebenan zu diesem Thema mit »Apoll und Daphne« etwas zu sagen weiß, will das wohl nicht; diese Gruppe ist eher eine marmorne Reflexion zum Kampf der Geschlechter, zu Begehrlichkeit und Widerstand, verdichtet in den dramatischen Augenblick, in dem sich die fliehende Daphne, vor dem gewalttätigen Zugriff auf-

schreiend, in einen Lorbeerstrauch verwandelt. Bernini begann dieses Werk nach der in Ovids Metamorphosen erzählten Geschichte, als er vierundzwanzig war, im Auftrag von Kardinal Scipione Borghese, drei Jahre später, 1625, war es fertig. Ein Distichon von Maffeo Barberini, später Papst Urban VIII., ist in die Basis eingraviert: »Wer den flüchtigen Freuden nachzujagen begehret, findet zuletzt in den Händen nur Blätter und bittere Beeren.«

Bernini hat das Thema sexueller Gewalt etwa gleichzeitig in der Figurengruppe »Pluto und Proserpina« noch einmal gestaltet, die Scipione Borghese (ziemlich ungern) an Kardinal Ludovisi verschenkte, und die heute ebenfalls in der Borghese-Galerie steht.

Die Gestaltung des »Metamorphosen«-Raums ist exemplarisch für die thematische Orientierung der Ausstellung in der Villa Borghese; das Thema von Apoll und Daphne findet sich auch in einem der beiden Gemälde von Dosso Dossi an den Wänden, das 1522 entstand. Und das zentrale Deckengemälde von Pietro Angeletti nimmt das Thema von Apoll und Daphne 1780 wieder auf. Händel hat in seiner italienischen Zeit Berninis Skulpturengruppe sicher kennengelernt. Sein berühmtes Kantatenduo »Apollo e Dafne« entstand 1709 nach einem Text, den einer seiner Gönner, der Kardinal Panfili, für ihn schrieb.

Tizian soll dazu das vorläufig letzte Wort haben: In Saal XX finden wir das Hochzeitsbild, das er 1514, als Fünfundzwanzigjähriger, für den Venezianer Niccolò Aurelio und seine junge Frau Laura Bagarotto malte. Sein Titel »Himmlische und irdische Liebe« ist Jahrhunderte später entstanden, im behaupteten Sinne eines Gegensatzes von *sacro* und *profano*. Tizian aber hatte etwas ganz anderes gemeint: Die beiden Frauen sind durch den Blick der unbekleideten Frau rechts im Bild aufeinander bezogen. Schönheit und Liebe auf Erden sind vergänglich, weil unser Leben endlich ist (symbolisiert durch die Vase mit Schmuck auf dem Brunnenrand nahe der Figur links), aber es gibt eine ewige Schönheit (symbolisiert durch die

Schale mit der Flamme der göttlichen Liebe in der linken Hand der Figur rechts). Tizian wollte Schönheit und Liebe in ihrer irdischen *und* himmlischen Erscheinungsweise verherrlichen, weil beides für ihn ein Abglanz des Göttlichen ist, wie es sich im Kosmos offenbart. Daß durch die Symbole die irdische Liebe der bekleideten und die himmlische der unbekleideten zugeordnet ist, unterstreicht diese Deutung.

Wenn ich im Nachhinein meine Notizen aus der Borghese-Galerie lese, habe ich nicht mehr das Gefühl, als hätten wir uns weise auf einige Werke beschränkt. Da ist von Caravaggios »David mit dem Haupt des Goliath« die Rede, von Bagliones »Judith und Holofernes« und vielem anderen. Und vom Frust darüber, daß die Kunstwerke, die man gerne als Dia oder wenigstens als Postkarte mitgenommen hätte, als Erinnerungsstütze, selten in einem Museumsshop und nicht einmal im Katalog zu finden sind. Mit Ausnahme solcher Publikumsrenner wie des »David«.

Eckart Peterich konnte sich für Berninis Jugendwerk »David« von 1619 »nie erwärmen, da mich der verbissene, fast pathologische Ausdruck des Gesichts stört«. Der ist vielleicht eher ein Hinweis darauf, daß Bernini die jungen, ehrgeizigen Leute seiner Zeit, die nach Rom strömten, um dort ihr Glück zu machen, ziemlich gut kannte. Die Anfangskapitel der Autobiographie des Benvenuto Cellini geben dafür ein gutes Beispiel ab.

Immerhin versuchen wir es, von Geschichte und Kunst überfressen, in den nächsten Tagen mit dem Programm »Rom für Verliebte«, mit Spaziergängen im Park, mit mittäglichen Pausen an der Sonnenecke eines schönen Platzes, mit gutem Essen und einem guten Glas Wein am Abend und was des scheinbar Selbstverständlichen mehr ist. Aber gerade dazu müßte man Rom eigentlich besser kennen. Wenn noch ein Romführer auf dem Markt fehlt, dann ist es ein Führer mit genau diesem Titel. Aber wer könnte es sich bei den wahrhaft hauptstädtischen Hotelpreisen Roms lei-

sten, für dieses Lebenswerk ausreichend zu recherchieren? Es blieb uns »learning by doing«, und schon die Anstrengung, die wir darauf verwandten, uns nicht mehr anzustrengen, trug ihren Lohn in sich selbst.

Leicht wurde es uns nicht gemacht. Denn prompt eröffnete nach jahrelangem Bürokratengezänk zwischen zwei Ministerien und aufwendigen Restaurierungsarbeiten im Palazzo Barberini die *Galleria Nazionale d'Arte Antica*. Es ist ein schönes Museum geworden, obwohl auch die Barberini-Erben vieles verkauft haben. Kann ich meinem Notizbuch trauen, daß wir uns nur Caravaggios »Enthauptung des Holofernes« näher angesehen haben? Dann müssen wir in wenigen Tagen Meister in der Beschränkung geworden sein.

Und da war noch ein »Versäumnis«, das nachgeholt werden mußte: Nie war ich in *San Clemente* gewesen, jener mit Recht berühmten Kirche, die in konzentrierter Form zeigt, wie vielschichtig im Wortsinn Rom ist. Ich durfte mich also von Laura führen lassen. Im Jahre 385 wurde die Kirche jenem Papst Clemens geweiht, einem der ersten Nachfolger des heiligen Petrus, von dem früher schon die Rede war; er mischte sich tatkräftig in Probleme von Christengemeinden außerhalb Roms ein. Sie wurde von den Normannen zerstört und von Paschalis II. um 1100 wieder aufgebaut, und zwar auf den Trümmern der alten. Trotzdem wirkt sie mit ihrem schönen Säulenvorhof und ihrer Basilika-Form sehr, sehr altertümlich. 1857 hat man die ursprüngliche Kirche wieder ausgegraben. Sie bildet nun eine Art Unterkirche mit immer noch sehenswerten Fresken, die das Wirken des heiligen Clemens darstellen. Und noch unter dieser Kirche fand man neben einem Haus aus der Kaiserzeit ein Mithrasheiligtum. Wem es dann noch nicht tief genug ist, der kann sein Ohr an einige vergitterte Öffnungen legen und die *Cloaca maxima* rauschen hören, mit der die Römer die Gegend um das Forum entwässerten. *San Clemente* bewahrt auch, wie die größere *Santa Maria Maggiore*, Erinnerungen an die Slawenapostel Kyrillos und Methodios auf, die im 9. Jahrhundert Reliquien des heiligen Clemens von seinem legendären Verbannungsort auf der Krim nach Rom gebracht haben sollen. Da es den beiden Missionaren um die Anerkennung ihrer Tätigkeit und des slawischen Ritus durch den damaligen Papst ging, war es natürlich für Rom sehr wichtig, die Erinnerung an diesen Besuch (es waren eigentlich mehrere) in ihrer Rivalität mit der Ostkirche wachzuhalten.

Von Rom zurückzukehren, ohne Michelangelos Moses zu sehen, wäre einem Sakrileg gleichgekommen (und es war auch das erste, wonach Lauras Vater uns fragte). Die Skulptur war ursprünglich für ein gigantisches Grabmal Papst Julius II. im Petersdom vorgesehen. Gut, daß es nicht zustandekam. In der »kleinen Peterskirche« *San Pietro in Vinculi*, als Hauptfigur eines nach dem Tode des Papstes sehr zurechtgestutzten Grabmals, kommt der Moses ungleich besser zur Geltung. Oder sagen wir, er wird, wenn die Gerüste in der Kirche wieder abgenommen worden sind. Mit sehr viel gutem Willen und vielen Verrenkungen konnten wir trotzdem sehen, was Touristen in diese Kirche zieht. Freud und Schönberg nicht ausgenommen.

Wir beschlossen, den nächsten Tag in Tivoli und in der Villa Hadriani zu verbringen, fern von Rom und seinen Abgasen, unter Pinien und Olivenbäumen zu sitzen, am Rande von Teichen zu wandeln, Ruinen einfach nur als schönes Dekor für unsere Zweisamkeit zu betrachten und den Sonnenuntergang zu erwarten. Es war ein wunderschöner Tag, dem Kaiser sei Dank. Und es wurde ein wunderschöner Abend, dank einem Konzert in *Sant' Ignazio* mit Mozart und Charpentier.

Der Papst, Leonardo und Cecilia

»Ich müßte Dir von Rom allein ein Buch schreiben, wenn ich länger bliebe und länger schriebe, und ich würde doch nur wenig erschöpfen.«

Johann Gottfried Seume, Spaziergang nach Syrakus, 1803

Rom wäre nicht Rom, würde nicht auch ein Konzert als Staatsaktion inszeniert. Die *Assoziazione Internationale Amici della Musica Sacra* bietet »Noten zwischen Himmel und Erde« und weist neben dem Vorsitzenden des Päpstlichen Instituts für Kirchenmusik einen Kardinal, vier Monsignori, den Fürsten von Borbone delle due Sicilie, den Fürsten Colonna d'Avella, drei Fürstinnen, eine Herzogin und Montserrat Caballé als Mitglieder des Ehrenkomitees aus. Dafür darf dann auch schon mal der »Chor der Pfarre St. Bartholomäus Niederkrüchten, Germania« in der ehrwürdigen Jesuitenkirche auftreten.

Das eigentliche Ereignis der Woche konnten wir nur in den Medien verfolgen. Johannes Paul II. würde am 16. Oktober sein 20. Jubiläum als Papst feiern und zu diesem Anlaß eine neue Enzyklika veröffentlichen. Es sollte um das Verhältnis von Glauben und Vernunft gehen, das Thema, das seit Gregor XVI. und Pius IX. die

Kirche in ihrem Kampf gegen den »Modernismus« beschäftigt hat. Karol Wojtyla liegt daran, daß sein Beitrag zu diesem Thema nicht von vorneherein in den Medien als reaktionäres Machwerk abgestempelt wird. Handverlesene Journalisten erhalten schon vor der Veröffentlichung Einblick, dürfen zusammenfassen und zitieren, nicht ohne die Warnung auszusprechen, daß der Heilige Vater bis zum letzten Augenblick an diesem Text arbeite und einiges sich noch ändern könne. Marco Politi stellt in der liberalen *Repubblica* den Hirtenbrief schon am 8. Oktober respektvoll vor und betont eher, in welchen Punkten sich die Kirche mit Philosophie und Wissenschaft versöhnt und in welchem Maße sie das Streben nach Wahrheit mit Hilfe der Vernunft akzeptiert. Politi zieht einen Vergleich mit Leo XIII., der 1879 als überhaupt erster moderner Papst die Philosophie als Erkenntnisquelle positiv bewertete, dafür aber der Kirche die Neoscholastik als Hausphilosophie verordnete. Bis zum Zweiten Vatikanischen Konzil blieb dies der Stand der Dinge.

Ähnlich greift Karol Wojtyla, im Umgang mit Massenmedien von jeher nahezu genial, in eine als große Show inszenierte Fernsehdokumentation des Staatsfernsehens RAI zu seinem Dienstjubiläum ein. »Gerade flimmerten Bilder über die Videowand«, berichtet der Journalist Roman Arens, »wie die Hand des Nachfolgers Petri über die ihm sehnsüchtig hingestreckten Hände hinwegfährt, da mußte Moderator Bruno Vespa plötzlich ans Telefon: ›Hallo, von wo rufen Sie an?‹ ›Ich telefoniere aus dem Vatikan. Ich bin Karol Wojtyla.‹ ›Guten Abend, Eure Heiligkeit‹, viel mehr wußte der erbleichte Vespa nicht zu sagen.« Dem abgebrühtesten TV-Talkmaster hatte es die Sprache verschlagen. War es eine Überraschung oder ein abgekartetes Spiel? Hinterher nannte die Zeitung *Corriere della Sera* das Papst-Telefonat ein »Weltereignis«.

Es ist allerdings nicht so, daß der Quirinal dem Vatikan an Medienereignissen in der gleichen Woche nichts entgegenzusetzen hätte. Doch wo der Papst klotzt, gibt sich der Präsident der Republik ganz zurückhaltend als Schutzherr des Schönen und

Guten. Schon einige Tage vorher liegen in der Borghese-Galerie kleine Handzettel aus: Unter seinem Patronat wird Leonardo da Vincis »Die Dame mit dem Hermelin«, »das erste moderne Porträt in der Geschichte der Kunst«, für einen Monat im Palazzo Quirinale gezeigt; dann wandert es weiter nach Mailand und Florenz. Fürst Adam Jerzy Czartorsyki hatte das Porträt um 1800 auf seiner Italienreise für seine Mutter Isabella erworben; seit 1945 hing es in Krakau; nun kehrt es für ein paar Monate nach Italien zurück, im Rahmen des *italienisch-polnischen* Kulturaustauschs. Es fällt schwer zu glauben, daß die beiden Ereignisse nicht auf irgendeine Weise miteinander in Verbindung stehen.

Der Platz vor dem Quirinalspalast ist seit dem Morgen gesperrt. Eiserne Gitter modellieren die Grenzen einer Schlange, die sich andächtig über den Platz windet. Die meisten sind Römer; die Nachricht hat sich wohl noch nicht zu den Bildungstouristen durchgesprochen. Die Stimmung hat etwas von weihnachtlicher Vorfreude, trotz der strahlenden Herbstsonne. Die üblichen Wachen sind mit einem Dutzend Uniformierter verstärkt, um die Massen im Zaum zu halten; die machen allerdings keine Anstalten, das Gebäude zu stürmen: Warten vergrößert das Vergnügen. Immer wieder schreiten einzelne Prominente würdevoll an der Schlange vorbei und werden von den eigentlichen Palastwachen in den historischen Uniformen durch das geöffnete Portal gewinkt; weniger würdevolle, aber ebenso wichtige Herren schleppen Fernsehkameras herbei. Die Männer in den historischen Uniformen sind offensichtlich unter zwei Gesichtspunkten ausgewählt: ihrer Körperlänge und ihrer Fähigkeit, vorübergehend zum Monument zu erstarren. Langsam kriecht die Schlange voran. Nach jeweils fünf oder sechs Minuten winkt der kommandierende Offizier im glänzenden Messinghelm und mit Schleppsäbel und signalisiert, wie viele Besucher eintreten dürfen: drei, fünf, sechs oder auch einmal zehn, je nachdem, was ihm ein soignierter Herr im Frack vorher zugeflüstert hat. Nach einer Stunde gehören wir zu den Glücklichen, die eintreten dürfen, vorbei an

weiteren Wachen, zunächst in einen abgedunkelten Vorraum, in dem Spotlights auf Schautafeln Informationen zum Bild geben.

Im Gegensatz zur Leonardos »Gioconda« oder zu Raffaels »Dame mit dem Einhorn« wissen wir hier ganz genau, wer porträtiert wurde: Cecilia Gallerani, eine junge Dame, deren Vorfahren weder von Adel waren noch durch besonderen Reichtum glänzten, die aber durch ihre Schönheit, ihren Geist und ihre Bildung auffiel: Zeitgenossen berichten, daß sie in Lateinisch und in der Volkssprache zu dichten und zu diskutieren wußte, Leonardo selbst erwähnt sie in einem seiner Sonnette. Was sie porträtwürdig machte, war aber ihre leidenschaftliche und langdauernde Liebesbeziehung zu Ludovico il Moro, dem Herrn von Mailand, aus dem Geschlecht der Sforza. Als dieser 1492 aus Gründen der Staatsräson die ungeliebte Isabella d'Este heiratete, wurde sie mit dem Adeligen Ludovico Carminato Brambilla standesgemäß verheiratet. Der Sohn, den sie mit ihrem Geliebten hatte, Cesare Sforza Visconti, starb jung. Cecilia lebte danach auf ihren Gütern bis zu ihrem Tod 1536.

Ein Stoff für einen Historienfilm, eine Liebesgeschichte mit gebrochenen Herzen, könnte man denken, für die Betroffenen.

Leonardo nahm nur ungern Aufträge für Porträts an. Wenn er es doch einmal tat, empfanden es die Auftraggeber wie ein Geschenk. Hier akzeptierte er den Auftrag. Das Bild entstand 1489 oder 1490. Ein Geschenk hat er auch der Nachwelt mit diesem Gemälde hinterlassen. Selbst ohne die Inszenierung wäre es unbeschreiblich schön. Aber das Ambiente hilft, es mit einer weihevollen Aura zu umgeben. Der eigentliche Ausstellungsraum wirkt wie eine Kapelle, die mit dunklem Samt ausgeschlagen ist. Er ist noch stärker abgedunkelt als der Vorraum. Das Bild selbst ist im Zentrum des Raums auf einer Art Staffelei drapiert und dezent angestrahlt. Eine kaum wahrnehmbare Barriere hält die Zuschauer auf Abstand. Rechts und links des Bildes stehen zwei baumlange Männer in einer Art Livree. Aus unsichtbaren Lautsprechern dringt Vokalmusik: Palaestrina, schätze ich.

Wir haben sehr, sehr lange vor diesem Bild verbracht, immer wieder einmal Platz gemacht, sind immer wieder zurückgekehrt.

Die Gestalt Cecilias hebt sich vor einem dunklen Hintergrund ab. Sie trägt ein kostbares Kleid. Ihr rötlichblondes, langes, nach der Mode eng anliegendes und unter dem Kinn zusammengebundenes Haar wird von einem hauchdünnen Schleier mit goldenem Brokatrand gehalten, der dicht über den Augenbrauen abschließt. Außerdem trägt sie ein schmales, dunkles Band um die Stirn, es ist nicht erkennbar, aus welchem Material. Um den Hals hat sie eine Kette aus schwarzen Steinen geschlungen, die in dem imaginären Licht glänzen, das von rechts auf sie fällt. Mit der rechten Hand umfaßt sie das Hermelin. In der Symbolsprache der alten Malerei steht es für die Tugend der *moderanza*. Ein schwer übersetzbares Wort. Es umfaßte in der Sprache der damaligen Zeit nicht nur Zurückhaltung, Mäßigung, Selbstbeherrschung, gesittetes Betragen, sondern den ganzen Katalog dessen, was man von einer Dame der Gesellschaft an Beherrschung höfischer Formen und kultivierter Anmut erwartete. Es ist aber auch ein Hinweis auf den Geliebten und Auftraggeber: Ludovico hatte 1498 den Hermelinorden erhalten.

Tatsächlich: Mit kühlem, sehr beherrschtem, sehr selbstbewußtem Blick schaut die Dame im Dreiviertelprofil nach rechts, am Betrachter vorbei. Sie scheint sehr genau zu beobachten, sehr genau zu wissen, was vor sich geht. Trotz aller *moderanza* hat ihr Blick, haben ihre Gesichtszüge etwas Offenes. Wir glauben eine Spur von Trauer zu sehen, eine Neigung zur Melancholie. Anfälle von Trotz und Eigensinn scheinen denkbar. Es mag auch sein, daß sie ihrem Geliebten eine Szene macht. Und es ist sicher, daß sie wußte, wie weit sie gehen konnte. Die Liebe des Fürsten war ihr einziger Schutz vor dem Absturz, trotz aller ihrer Vorzüge.

Nach diesem gut römisch inszenierten Geschenk des Präsidenten der Republik fällt uns der Abschied von Rom leichter.

Register